BoyYoung

BoyYoung

BoyYoung

BoyYoung

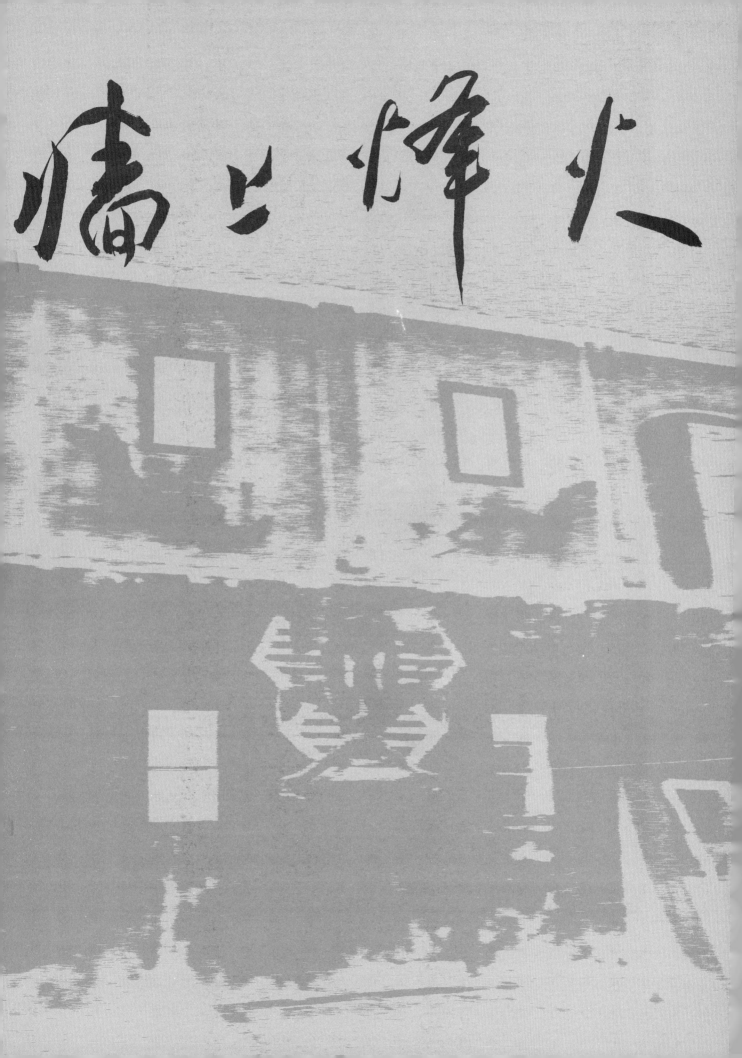

歡迎光臨「保寶樂園」

嗨！原來是您！

我一直在想：是誰會打開這本書？

一個看過或聽過「林保寶」這名字的人？或者，一個就是習慣翻翻新書的人？

不管您是誰，我都要對您說：

真高興「遇見」您，感謝您打開這本書。

拜訪朋友像是拜訪「一處風景」，我想邀請人家「參觀」一下我這位有意思的朋友—林保寶，而您正好來了！

　　關於保寶，林媽媽常說的一句話是——

「我實在很煩惱我們林信義啊！長到這麼大了，還不會打算，整天跟囝仔一款！」

　　信義是保寶的本名，「保寶」二字是他的恩師邵世光女士取的，據說此名除了「檯面上」的意義——「保護（內心）珍寶」之外，還有「暗藏」的祝福——

「保證安飽」。由此，您對林媽媽的煩惱應該開始有一點點可以想像。

　　保寶有個弟弟，彷彿生來給他這哥哥作「對照組」的。弟弟從學業到就業，幾乎從沒讓父母操過心，保寶卻叫爸媽「吊著膽」看他長大。

　　略過保寶小時候闖的禍，就從高中說起。那時同學們正為聯考挑燈夜戰唯恐不及，他還在計畫這星期天去拍哪個村落、下星期六去拍哪個樹林，好不容易畢了業，「掛」上世新觀光宣導科，但因蹺課太多，一年不到便被學校「out」了，然後勉強奉父母之命去上補習班，再重考進實踐家專社會工作科，終於才「有驚無險」完成大專學業。

　　邵世光就是保寶在世新時教中國文化史的老師，她也是已故國學大師錢穆先生的秘書。她對保寶疼愛有加，常帶著保寶參訪台北文化界的鴻儒俊彥，見識什麼是讀書人的風標、什麼是藝術家的氣韻，讓保寶自此「眼界大開」。

　　後來保寶到金門當兵又「照例」闖禍時，還多虧邵老師奔走才大事化小。事情是這樣子的，痴迷攝影的保寶看到外島風光常忍不住就拍，但到處都是「軍事重地」，豈容放肆？他已被再三告誡，卻仍我行我素，竟在臨退伍前兩個月打包一箱拍攝金門的照片寄回台灣，結果被軍法堂堂以「未受允准於國防處所攝影」罪名判入軍牢一年。這等事可大可小，還好沒到不可收拾，但林爸爸林媽媽當然又難免冷汗熱淚一番。

　　菩薩保佑平安退伍後，總該安份做個敬業樂群的老百姓了吧？才不，他依舊四處「捕光捉影」，再隨興寫點生活散記投投稿，換點小稿費，天天「窮開心」，但媽媽卻時時為他「不務正業」著急。

　　看似不務正業，其實退伍至今五六年來，保寶並沒遊手好閒過。他曾到工廠當搬運工；他發表於報章雜誌的圖文超過五百篇；他受聘為法鼓山文教基金會特約文宣；他三

次榮獲國家文藝基金文化資產類獎助；他出了一本整理自己家族老照片的《莿桐最後的
望族》，還有您手上這本紀錄前線反共標語的書……。

　　雖然一路跟蹌而來，但保寶臉上並無風霜塵勞。他看起來歡欣踴躍，像隨時可以出發
前往任何地方的樣子。

　　尤其是這兩年，與他見面的時候，他若不是「剛從馬祖回來」，就是「正要去馬祖」，
連接到他的手機來電，問他在哪，也有多次是「在西莒的無人沙灘上」、「在東引看得
見大海的碉堡前面」。萬一有空在台北待上幾天，他還會攜帶「數麻袋」馬祖海天照片、
和「數卡車」馬祖心情故事，宛如狂熱傳教士般前來「專程拜訪」。而我只有不斷點頭
讚許，萬一不慎打個哈欠都會覺得非常「愧對」保寶。

　　今年初春，有一回他從馬祖來電，興高采烈地說：「今天認識一個人讓我好感動，馬
祖最美的風景原來是她！」她──「姆姆」，一個來自比利時、為馬祖人服務奉獻二十
三年、如今已八十一歲的石仁愛修女。到春末，保寶竟已決定明年「移民」馬祖陪姆姆
一年，天主教會那邊答應提供荒置的南竿寶血幼稚園給他暫住。

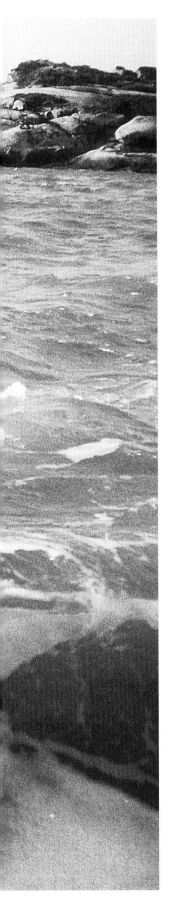

保寶巴不得明年快點到。但馬祖不是鬧水荒嗎？不是離大陸太近嗎？不是冷清清的只剩軍人和老人嗎？保寶怎麼只看到馬祖的淳樸、寧靜、壯闊、和大自然生命力？

我很好奇，便在夏天趁保寶幫公共電視赴馬祖出差製作節目時，跟班去一探究竟。

船在夜裡駛離基隆港。保寶在星空下的甲板上吹風。他說：「我一上船就好興奮，因為天一亮就會看到馬祖、就像回到家了！」凌晨四點半，曙光乍現，有人敲艙門：「到了！到了！」是保寶。我跑出去一看，小島還在遠方海平線上浮沈，至少再兩小時才能靠岸，但在一旁叫我快看大海顏色、快看島嶼形貌的保寶顯然已歸心似箭。

我們先到東引，然後南竿、北竿。馬祖的天高、風野、浪狂、陽光濃郁，而海色極其蔚藍，處處都像張開了臂膀，要用力擁抱一顆渴望回歸原點的心。一路上好多阿兵哥、店老闆、賣菜車的太太、計程車司機……都熱情招呼保寶：「你又來了喔！」我也看到縣府和軍方長官待保寶像親熱的小老弟。大家對他可真好！

是不是因為保寶總注視著人事物美好的一面，而「世界」本來就是自心創造的？前面提到坐軍牢，一般人很可能將那視為平生憾事，但保寶卻寶貝那段經歷，他感謝牢獄讓他忽然讀得下錢穆先生的國史大綱，也讓他領會到父母老師為他付出的愛是那麼寬廣深厚；再說姆姆，可能很多人不會去注意這樣一個守著偏遠離島的平凡人物，頂多當她是有愛心的老婆婆而已，但在保寶眼中，姆姆卻是啟示「人老了也可以活得這麼尊貴莊嚴、這麼美」的一個生命典範。他說：「姆姆什麼都沒有，沒有自己的房子、沒有錢、甚至沒有家人，但她內心充滿了愛。姆姆說能幫忙別人的人最平安，她自己這麼老了，仍天天去探望馬祖的老人家，帶給人安慰歡喜，時時為別人祈禱祝福，她是我見過真正富足的老人。」

其實，保寶也是我見過難得的富足的人。認識他這些年，我很少聽他說言不由衷的話，很少看他做不是他真正喜歡做的事，而且他幾乎不為別人怎麼看他說他而煩心。保寶逍遙自在，連他養的「隨身愛狗」嗯妹都一副放一百二十個心自得其樂的模樣。

所以，就算「整天跟団仔一款」有什麼要緊呢？許多人想學再做団仔都學不來啊！

這就是我所知所見的林保寶，一個用「団仔心」把自己的世界「玩」成樂園的人。平常日子是樂園、顛簸時刻是樂園、夢想是樂園、創作是樂園，作品也是樂園。

歡迎光臨「保寶樂園」，現在您已經「入門」了，有趣的還在後面。

夏瑞紅 一九九九年十月 台北
中國時報副刊浮世繪版主編

牆上烽火

金門、馬祖反共、愛國、精神
標語調查記錄

島嶼情結

將近兩年後，這才發現第一次到馬祖的底片裡，有著這麼張好玩的照片。
好像一個貪玩的人和他貪玩的小狗，在海灘上不曉得爲了什麼有意思的事，忘了時間。
想到時，小船已經離岸遠走，因此留下這樣望海的背影……

當兵情結

朋友說我有「當兵情結」。我想那是因為十年前，曾在金門當兵的緣故。
到金門當兵的人很多，但像我一樣，每年「時候到了」，
就像「候鳥」一樣，飛回金門看看的人肯定不多。
會對金門產生如此獨特的感情，是因為當兵歲月的孤單況味。
金門的冬天海風極蕭瑟，一年後才能回家讓人想家想得緊。
慢慢的卻也發現金門的純美，開始享受起那樣的孤單況味。
如今回頭一望：你不也走過來了嗎？卻有些東西永遠留在心裡了。

牆上烽火

記得我們剛到金門，一下船就被卡車載往太武山國軍公墓。那是一處幽靜的墓園，
埋葬許多在金門「爲國捐軀」的軍人。我們在那兒等候分發。
戰地政務解除，金門開放觀光。到金門，人家去看古厝，去看喝高粱酒，
我卻去看民宅牆上的標語。一開始的想法很簡單：四、五十年來，
這麼多曾在金馬前線服兵役的人，他們奉獻了最可貴的青春，甚至犧牲了寶貴的生命。
因此我向國家文化藝術基金會提出「金門、馬祖地區的反共、愛國、精神標語」
研究調查計畫，希望能爲尚存的標語留下記錄。時勢變遷下的「反共標語」
彷彿是「牆上烽火」有種「悼念」的意思，爲青春，爲五十年來家國。

因為感同身受……

今年為了徹底醫治我的「當兵情結」，我繼續提出了關於外島阿兵哥的
研究採訪計畫。希望記錄外島阿兵哥的處境、感受與生活。
每回行走金門、馬祖各離島，看到阿兵哥，同時也見著，
十年前自己在外島當兵時的心情與身影。今年一月在馬祖的亮島聽說：
「新兵初到島上，望著蒼茫大海，想起遠方的父母，夜裡將頭蒙在被裡啜泣。」
我完全能體會，只因為感同身受……。
有趣的是，再回過頭來看外島當兵的日子，以前覺得孤單的、不堪忍受的，
如今全化成生命中甘甜的果實。「有緣在外島當兵，其實是人生中美麗的禮物」
我深深祝福所有在外島當兵的弟兄都能平安退伍。

姆姆的愛

　　這兩年來，我記錄了金門、馬祖前線的標語跟阿兵哥，某回在採訪阿兵哥後，這位阿兵哥提及他在馬祖時喜歡星期日到馬港的天主堂。因此有機會知道了來自比利時的石仁愛修女，她在民國三十六年就已經選擇到內蒙古服務，大陸「淪陷」後被毛澤東關了兩年半。回憶當時在槍口下的的情景，修女說她沒有害怕，只是祈禱。「他們的槍就放下了，」說起這段往事，修女最後總是說，「我都是想我是中國人。」民國六十五年石仁愛修女選擇了到馬祖服務。二十三年來她在為醫療病痛、為婦人接生、探看照顧老人等「仁愛」的工作，讓馬祖老老少少將她視為天主教的「活媽祖」，喚她一聲：姆姆。姆姆的愛無國界，不分男女老幼，讓我完全融化了；以前覺得外島最美的風景是海，現在知道是姆姆。十年前在金門當兵，兩年來與馬祖結下了不解之緣，甚至成了馬祖的榮譽縣民。我十分盼望能有緣陪在姆姆身旁，「如實」記錄姆姆與馬祖的故事。人家說金門、馬祖是戰地，對我而言，那是「神奇的島」，讓我流連忘返，甚至因此產生了「島嶼情結」，因為天涯海角的島嶼有著無限的可能，讓我心生嚮往……。

　　結語：「當兵情結」促使我對標語產生莫名的興味，進而觀照到外島阿兵哥的特殊處境，更讓我發現對島嶼的深情嚮往。如今「金門、馬祖地區的反共、愛國、精神標語」調查記錄整理成書，僅此向金、馬前線戰士致敬。

牆上烽火
金門、馬祖反共愛國精神標語

圖序

目錄

金門

馬祖

金門、馬祖

反共愛國精神標語調查記錄

　　自民國三十八年始，至民國八十年戰地政務解除，金門與馬祖諸島曾是反共前哨。在這五十年的歲月中，金馬前線，一直是臺灣社會生活的某種象徵，有著勇猛、剛強、忠義、克難、犧牲、自立等味道。

　　前線勞軍、參訪，乃至服兵役高中「金馬獎」；雷區、戰壕、碉堡、防空洞、民宅牆上的反共精神標語，是許多人共同的奇特回憶。

　　我也曾是「金馬大兵」，服役金門期間，恰值金門由「反共堡壘」而至「戰地公園」，親體金馬地區走過別具一格的歷史。開放觀光後，目睹金馬地區原先「獨佔典型」的風貌正快速流失，這其中包括民宅牆上各時期的反共精神標語被破壞或塗掉。反映著時代變遷及當地居民人心。

　　但「反共、愛國、精神標語」其實有它獨特的時代背景，甚至已成「戰地文化」。期盼藉著實地拍攝與記錄金、馬地區尚存的標語，保留金、馬地區曾經的煙硝風雲。

　　此一時，彼一時；又戰有時，和有時。此研究調查計畫既是歷史影像的保存，亦是時代的寫照。

「殺共匪」

東引小紫沃據點

民國四十四年反共救國軍進駐東湧，因為島上燈塔建於東方，引導往來船隻，寓言：
「指引我軍，早日直搗黃龍，收復河山」因此改名東引。
民國四十五年反共救國軍的老兵們，在小紫沃建造的碉堡刻著：殺共匪；你我守碉堡、
先把基地保、指日渡海去、反攻滅朱毛、重建大中華、時勢造英雄。
民國八十七年十月一日，東引駐軍改編成「東引守備旅」，
但形勢險要的東引仍是二級戰區。

「反共抗俄」

南竿牛角嶺的海防碉堡

民國五十四年，中共的米格機在馬祖擊落水上飛機，航空交通從此在馬祖銷聲匿跡。
如果不是為了興建南竿機場，牛角嶺這重砲陣地絕不會「自廢武功」。
民國八十七年十一月二日，南竿機場正式動土興建，預計三年後完工。在此之前，
馬防部積極配合遷移機場預定地內的大砲陣地與軍事據點。
昔日陸軍營地，已變成機場用地。
牛角嶺一處海防前哨，建在懸崖峭壁上，石頭堆砌的碉堡刻著當年堅定的決心：
「反共抗俄」。但是它即將消失。

「消滅朱毛漢奸」

金門料羅村的民宅牆上

典型的金門民宅，刻著典型的反共標語──「消滅朱毛漢奸」

「與鐵堡共存亡　同共匪拼死活」

馬祖南竿津沙村旁的廢棄碉堡

與鐵堡共存亡　同共匪拼死活

「還我河山」

北竿橋仔村的春聯

七十五號民宅門聯上寫著「還我河山」

「生死榮辱與共　吃喝玩睡一起」

馬祖東莒的五四據點：

生死榮辱與共　吃喝玩睡一起

「中美合作」

北竿坂里村的防空洞

　　坂里村街頭牆上的標語，破壞殆盡。在村辦公室後山坡的防空洞，由於位置隱密得以倖存。防空洞由中華民國大陸災胞救濟總會撥款，坂里民防隊與七十七團三營九連合建於民國五十年六月，同年七月二日完工。有意思的是上頭刻著「中美合作」：「堅強固守確保馬祖，枕戈待旦跨海殲匪」

「居安思危」

小金門的防空洞

民國四十七年八二三砲戰，四十四天中共四十四萬四千四百二十三發砲彈落在金門群島。此後，「單打雙停」。民國四十九年六月十七日與十九兩日，中共轟炸金門十七萬四千六百八十九發砲彈，以「歡迎」美國總統艾森豪訪華。直到民國六十七年十二月十五日美國和中共建交，才停止射擊。

因此小金門每個村落都有防空洞，更特別的是早期的防空洞有許多正氣凜然的標語：「居安思危——自古王業不偏安，如今匪我豈並存」

「眺我河山，思我同胞」

金門官澳村的蚵管哨

民國八十七年十月兩岸兩會重啟協商大門，海峽交流基金會董事長辜振甫率團參訪大陸，
盼能化解兩岸僵局。這趟融冰之旅，據稱「帶來善意，帶回友誼」。
李登輝總統強調此行象徵兩岸協商逐步恢復正常，未來只要大陸民主化，一切都好談。
八十七年十一月十三日，金門金東守備區所屬的官澳蚵管哨，由於時空背景的轉移，
及國軍精實案後兵源短少，終告裁撤。昔日哨所鐫刻的標語，
一時反應不過來，依然「眺我河山，思我同胞」。
金門國家公園管理處預計將在蚵管哨前的沙灘開闢健康步道，
供遊客徒步悠遊眺望對岸河山。

「奸匪竊國鬼神難安，驚濤駭浪幸得自由」

西莒田沃村的小廟

西莒田沃村天后宮旁有座水泥砌的小廟，門聯刻著

「奸匪竊國鬼神難安，驚濤駭浪幸得自由」

田沃村民陳金俊說：最早神像飄過來時，被海防的阿兵哥撿到，

簡單蓋了廟。由於媽祖很威神，所以陳金俊五兄弟於民國七十二年時集資重建天后宮。

天后宮的碑誌寫著：「民國三十八年間，奸匪竊據大陸，摧毀中華文化，

毀除寺廟，逆天背理，罪大惡極，神人共憤。聖母不甘共匪禍國殃民，

於辛丑年（民國五十八年）八月衝出鐵幕，受盡危艱，借其祇神，漂流斯島……。」

「我們的決心」

東引天王澳據點

島嶼作戰的特殊性：一、殲滅性：因爲無論攻防，都是背水作戰，勝則同生，
敗則同死。二、獨立性：由於島嶼與島嶼間隔著汪洋大海，
補給與增援都不容易，所以必須獨立作戰。三、速決性：島嶼幅原有限，
進退不能自由，所以在攻者必須要求徹底的奇襲，
一舉攻略；在防者，則要求在敵立足未穩，後援未至之時，適時逆襲與反擊，一舉殲滅。
東引天王澳據點寫著「我們的決心：獨立作戰、自力更生、堅持到底、克敵致勝」，
其中「克敵致勝」以前是「死裡逃生」。

「解救大陸同胞」

金門新頭村的民宅牆上

自民國六十八年中共發表告台灣同胞書，停止砲擊金門，提出三通四流；
政府則宣佈三不政策，堅持不妥協、不接觸、不談判立場。兩岸關係進入「冷戰對峙」時期。
金馬地區的反共標語從此逐漸隱入歷史。
一戶民宅牆上原先刻著「解救大陸同胞」，最近牆壁開了一扇窗戶，原先
「解救大陸同胞」的「救」字因此「開天窗」。

金門青嶼村民宅牆上的標語

「確保金門」那個時代忽然過去了！

「我的家鄉我的愛，萬事莫如建設急」現在的金門，

在「基層鄉村社區整建計畫」下，為求美化生活環境，

許多刻著標語的頹圮老屋因此遭受拆除的命運。

馬祖南竿四維村戰備道路旁的碉堡刻著

「聞雞起舞──壯志餐食朱毛肉、笑談渴飲匈奴血」
但我們現在看到它，並不代表它將留存！
「近五年的建設，等於過去五十年的總和」現在的馬祖，
隨著南竿機場等各項重大工程的展開，許多軍事單位配合撤離，
據點或碉堡的標語「朝不保夕」。

更有許多碉堡或據點，隨著國軍「精實案」，
「功成身退」，就此淹沒在「荒煙漫草」間。
那些碉堡在哪裡？那些標語寫什麼？

金門

金門地圖

烈嶼鄉

雙口：反攻

湖下勝利門：我們的決心：獨立作戰

　　　　　自力更生、堅持到底、克敵致勝

九宮碼頭：中華民國萬歲、有金馬才有臺澎

　　　　有臺澎便有大陸

　　　　　石池雷湯衛寶島　屏山面海護神州

金寧鄉

古寧頭戰場：收復河山

安岐：精誠實幹

湖下：復興中華文化

頂堡：鞏固領導中心　解救大陸同胞

下堡：軍民合作　軍政一體

榜林：以身許國　以校作家

后湖：精誠團結

金城鎮

無名英雄像

金城：讀書不忘救國　救國不忘讀書

　　　　莊敬自強　慎謀能斷　時時戰備　日日求新

莒光樓：貢獻智能　建設國家

小西門：忠誠　團結　風氣　效率

歐厝：消滅朱毛

賢厝：打回大陸

前水頭：徹底執行命令　誓死完成任務

　　　　安危須仗　甘苦共嚐

金沙鎮
馬山：還我河山
官澳：眺我河山　思我同胞
　　　三民主義統一中國
青嶼：確保金門　反攻大陸
草嶼：軍令如山　軍紀似鐵
吳坑：效忠領袖　復興中華
山西：新速實簡　樂觀奮鬥
洋山：金門精神：不怕苦
　　　不怕難　不怕死
　　　打第一仗　立第一功
　　　雪恥復國
浦邊：服從最高領袖
何厝：實現三民主義
中蘭：莊敬自強
後浦頭：消滅朱毛漢奸
後水頭：毀共滅俄
蔡厝：反共抗俄
西山前：榮譽團結
東山前：保密防諜
碧山：克難實踐
陽宅：養天地正氣　法古今完人

金湖鎮
瓊林：建設配合作戰
　　　主義　領袖　國家　責任　榮譽
山外：軍民團結　消滅朱毛
夏興：國家至上　民族至上
下莊：守法　重紀　知禮　愛民
塔后：為爭生存爭自由
湖前：反攻大陸
新頭：完成國民革命
新湖漁港：實踐三民主義　光復大陸國土
　　　　　復興民族文化　堅守民主陣容
料羅：軍民一家

金門反共標語砲火餘生

民國四十七年八二三砲戰前夕，蔣中正總統在小金門聽取郝柏村師長簡報時期勉官兵：「與陣地共存亡，即是與國家共存亡」。八二三戰役，中共在面積僅零點六五平方公里的大、二膽島上，射擊了九萬二千四百九十六發砲彈。蔣經國先生在當年十二月二日，巡視大膽島時，特頒勒「島孤人不孤」刻於島上岩石。

曾經反共標語慷慨激昂、轟轟烈烈、熱熱鬧鬧在金門登場：「殺朱拔毛」、「反共抗俄」、「雪恥復國」、「毀共滅俄」、「打回大陸」、「解救大陸同胞」、「消滅朱毛漢奸」……，可以說金門是反共標語的故鄉。

特意尋覓金門民宅牆上四十年代初期旗幟鮮明的反共標語，發現時除了驚奇，更對它產生敬重珍惜之情，因為它們躲過了自八二三砲戰開始，至民國六十七年中共結束單打雙停，中共對金門群島射擊的九十七萬七千七百七十二發砲彈。這些砲彈造成民房全毀四千五百九十四間，半毀四千四百五十九間。

「確保金門」、「反攻大陸」像這樣刻在青嶼村民宅牆上的標語，歷經砲火餘生仍屹立不搖。時勢轉移，反共的故鄉吹起和平的樂章，半個世紀後的今天還有誰記得它們？尚存的標語大半斑駁脫落，隱藏在村落巷弄民屋一角。

在瓊林村，有位六十多歲的老先生說：「金門人比較愛國，所以較能接受標語。」另一七十多歲的老先生接口說：「金門百姓對國家『有始有終』，沒怨言。」四十六歲的唐敏達在金城國中教美術，他對反共標語感覺很自然習慣，看了就過去了，很少去注意。這也正是今日多數金門百姓對標語的形容。

民國四十二年蔣中正總統揭示「無金馬則無臺澎，有臺澎便有大陸」，今日小金門九宮碼頭的迎賓牌樓仍是這句話，只是氣氛完全不同了。金城鎮民眾服務社高懸「安定、繁榮、建設」代表著這一時代金門的心聲。

金門太武山

「毋忘在莒」、「中興在望」、「頑石點頭」、「其介如石」、「人定勝天」等精神標語刻在太武山的石頭上。太武山頂的「毋忘在莒」勒石還曾出現在民國五十一年發行的「保衛金馬」郵票上。「毋忘在莒」可以說是蔣公對金門軍民最重要的訓示。

民國三十九年，總統蔣中正首次巡視金門，嘉勉古寧頭、大膽島兩役大捷的三軍將士。民國四十年，巡視金門時，指示加強戰備及造林等工作。地方民眾代表薛季芝等上書司令官胡璉轉呈蔣總統，希望他「頒題紀念以賜訓軍民」。因此，四十一年一月蔣總統親頒「毋忘在莒」四字，金門軍民將此四字鐫於太武山頂。

民國四十八年，蔣中正再赴金門，鑑於一般人對「毋忘在莒」涵意，尚未確切瞭解，令

秦孝儀先生撰寫「毋忘在莒」本意：「毋忘在莒之意，蓋有軌於齊安平君田單，以區區莒與即墨之地，盡復齊七十餘城，特勉國人毋忘此義。必日以反共復國之志相惕勉也……。」

民國五十三年十一月二十日，太武山駐軍在「毋忘在莒」勒石前發起「毋忘在莒」的復國運動。當時金門司令官王多年將軍，通令全島軍民響應擴大推行，接著全國三軍及社會各界都響應推行此運動。民國五十三年十二月二十三日，蔣公在金門三民主義講習班，講解「毋忘在莒」的意義和啓示，指出「毋忘在莒」的七大精神：一、堅忍不拔的精神。二、團結奮鬥的精神。三、研究發展的精神。四、以寡擊眾的精神。五、主動攻擊的精神。六、防諜欺敵的精神。七、軍民合作的精神。

昔日遇重大節日，金門軍民舉辦登太武山活動，必在「毋忘在莒」勒石前高歌、歡呼、合影，溫習「毋忘在莒」田單收復失土的故事；今日中外人士到金門一遊仍不忘到太武山「毋忘在莒」前拍張照片留念。

莒光樓

  莒光樓樓名「莒光」，取意響應實踐並發揚光大蔣總統「毋忘在莒」的訓示。

  民國四十一年，為表彰金門歷次戰役中英勇官兵之事蹟，因此構建莒光樓，由胡璉將軍主其事，由沈學海所設計，為中國風格之鋼筋水泥建築，堅固雄偉，氣派軒昂。當時金門軍民皆動員加入構工，花費龐大人力與財力。完工於民國四十二年秋。頂樓額題「莒光樓」三個字，是大膽戰鬥英雄賴生明所書。

  莒光樓曾被採用為中華民國郵票圖案，最初發行於民國四十八年二月二十六日。四十九年二版，五十三年三版，五十五年增加發行一元五角面值，發行版色達五、六十種之多。莒光樓隨著郵票馳名中外，位於金城南郊的莒光樓因此成許多人參訪金門的第一站。

  莒光樓曾為前線軍民合作、忠勇衛國、矢志反共之象徵。

往來沙美的人都注意到新車站即將落成啓用，沒有人留意寫著「自立自強，奮戰到底」的牆面什麼時候拆的。

金沙鎮沙美

清晨的沙美市集很熱鬧。市場裡天還沒亮，鄰近村落的婦人挑著自己種的菜蔬，海邊採的鮮蚵，都往沙美街上擺。賣衣服、鞋子的則在車站前空地擺攤。鞋攤旁的水泥地特別白，還停滿了車，很明顯水泥地面是新鋪的，這兒原來有幾棵木麻黃，還有一面大牆，牆上寫著：「自立自強，奮戰到底」。

鎮公所僱請的黃樹小正在車站前衣攤旁清掃路面，往來沙美的人都注意到新車站——地上六層、地下一層的綜合行政大樓即將落成啓用，五十八歲的黃樹小說：「有建設，變化快」。沒有人留意寫著「自立自強，奮戰到底」的牆面什麼時候拆的。

五十四年次的黃漢源任職鎮公所書記，家就是「自立自強，奮戰到底」牆旁的雜貨店，他找出資料，牆壁在八十七年七月十七日後，因縣府的基層鄉村

社區整建計畫拆除。此計畫爲全面整建金門縣一六三個自然村落內巷道，以消除髒亂，美化景觀與生活環境。

戰地政務時期家門口有面標語牆，讓黃漢源有光榮的感覺，而現在因地方建設拆掉，他覺得也沒什麼不好。黃漢源說：「以前標語牆神聖不可侵犯，現在縣府如果花錢保存標語牆，會被百姓罵死！」

三十二年次的許維男在沙美市場裡賣豬肉，他記得民國五十一、二年時，學校的牆壁寫著：「立大志，滅共匪」，早上六點鐘就要到學校集合呼口號。遊街時還邊喊：「殺人放火

共產黨，無天無理毛澤東」。他回憶當時沙美有個小孩子，在廁所門上寫「反共必亡」，結果被安全機關捉去調查關了一個多月。

今年六十多歲的陳女士，住在沙美的舊庄頭，家裡的牆壁就刻有「反共抗俄」四個字。她回憶民國四十三年由碧山嫁過來時，看到住在家中祠堂的阿兵哥怕得要死，祭祖時都不太敢過去。由於不識字看不懂標語，只知道阿兵哥一營換過一營，一連換過一連。民國六十多年時，還有阿兵哥在家中附近站衛兵。

沙美村一號的門上寫著：「金門精神：不怕苦、不怕難、不怕死」，如今是張忠達的木材工廠。三十五歲的張忠達小時候就是跟兵仔睡在一起，他還記得寫著「獨立作戰、自力更生、堅持到底、死裡求生」那間是阿兵哥的廚房，「同生死共患難」前的空地是阿兵哥的操場，阿兵哥吃飯的地方現已改建成樓房。

沙美是金門許多村落「軍民一家」的縮影，關於阿兵哥與標語的記憶，靜靜的藏在角落裡。

後水頭的標語大部份塗掉了，村民見我努力辨識記錄著牆上的標語，問我是不是政府來調查補助的？

金沙鎮後水頭

　　榮湖旁的後水頭，現在就只是個安靜的小村落而已。

　　由環繞榮湖的路岔入村落，首先看到後水頭五號一帶，前後六間民宅，牆上反共標語已被村民塗掉，卻仍依稀可辨「軍民團結、消滅共匪」、「軍民合作」、「效忠領袖」、「保國衛民」等標語，民宅旁還有一廢棄崗哨，崗哨對著的牆上原寫著「忠勇為愛國之本」。村後五十九號一帶，還有「以軍建國」、「為保衛中華民國而戰」等。可以想像這個村落曾經駐紮重軍。六十多歲的黃先生家牆上刻著「培養德行，砥礪氣節」他平淡地說以前這兒是師部，牆上的標語刻得特別牢，久了也就看習慣了。

　　住在後水頭六號的黃女士回憶民國三十八年國軍來時，她的家裡廚房、廳堂整間屋子睡滿滿的兵。廳堂當連部，兩側土埆堆高睡了一班阿兵哥。一直到民國五十多年兵仔才沒住屋內。民國四十七年八二三砲戰時，九二師借住家裡時，有個做木工的廣東兵，一看到當時十二歲的她，說起「看到你就想起家鄉跟你同年齡的女兒……」眼淚就落下來。

後來廣東兵做了一張桌子送給這戶人家，桌子至今仍可用，廣東兵卻一去不回頭。村子裡還有些人家住過兵，彼此感情不錯，認兵當乾兒子。

　　今年八月二十三日那幾天，黃女士的先生病重在床，每天還照三餐唱三次國歌，她開玩笑地問怎麼還會唱國歌？「我哪裡會忘記！」她的先生回答說，「你要小心喔，共匪要打過來了！我昨天晚上一直跟共匪打仗。好多共匪，好多共匪……」還盼咐大家背包背

緊，刺刀上好，趕快趕快，共匪來了！原來她的先生是流亡學生，十多歲跟著國軍撤退至金門。八二三紀念日五天後，就過世了。

如今只剩黃女士一人守著家，兒女在臺灣讀書。黃女士指著隔壁以前是營部的蕃仔樓，圍牆上「軍民合作」的標語仍清晰可見。至於屋旁原來寫著「反共抗俄」的標語，她說是民國六十多年對面不再打砲彈後才擦掉。

後水頭的村民見我努力辨識記錄著標語，問我是不是政府來調查補助的？他們抱怨砲戰後阿兵哥遷出民宅搬入坑道，但屋子已遭毀損，很多都不能住了。後水頭的標語大部份塗掉了，他們似乎急於想刷掉一段過往的歲月。

金沙鎮山西

　　山西人說山西是金門的鄉下。當金門的城鎮紛紛蓋起高樓洋房，山西蓋了座山西水庫〈山西水庫施工十八個月，於八十六年九月完工〉。山西水庫那一帶幾年前還是肅殺氣氛濃厚的雷區，如今波光瀲灩，由水庫攔水壩還可眺望東割灣〈圍頭灣〉美景，成了年輕戀人約會的地方。曾經駐守山西的砲兵一五五加農砲陣地及營部二級場均已沈入水底。

　　山西水庫通往海邊哨所的戰備道，雜草叢生，路旁的木麻黃及松樹成林，昔日它是軍隊夜行軍必經之路。金門開放觀光後，民國八十四年，觀光旅館金沙山莊選擇建在這片看似荒蕪的風景中。實際負責經營的陳維生解釋：「山莊座落於此著眼指望於未來金廈『小三通』的可能，可以由附近的山后村直通對岸。」

　　「那時哪有按算國家會變成這樣，一切等『反攻大陸』再說，」七十四歲的李律詩，平日無事時就在山西李氏家廟裡喝茶、聊天、看電視，他回憶國軍初至山西時拆百姓的門板建碉堡、挖壕溝，「拆得沒門沒戶」李律詩形容。當時部隊很亂，常常在山西住了十多日又移走，阿兵哥什麼都沒有，百姓什麼都缺，阿兵哥來時得幫部隊做工，部隊移防時百姓得當挑夫擔子彈，真是每樣慘！

　　民國十五年生的李安禎指著李氏家廟旁居高臨下位置明顯的屋子說：「那間門前寫著『新速實簡』的『三界壇』是我們家的。」他說部隊初來時都住老百姓家，民國四十二年時，三界壇還是團部所在，軍隊集合、出操都在「三界壇」屋前的空地。空地旁的光復商行，已經在山西開店四十多年，賣些飲料、餅乾、炒麵等還幫阿兵哥洗衣。老闆娘說十多年前阿兵哥漸漸減少，到現在沒個影子。她記得以前村子裡找一面牆，掛上布幕就放起電影，當時軍民同樂盛況空前。

　　「金門人最好管」在李氏家廟喝茶聊天的老人們一致認為。如今的山西少年人多已至臺灣發展，只剩老人守著歷經變故與砲火洗禮的家園。老屋牆上「不怕死」、「康樂戰鬥」、「樂觀奮鬥」等標語仍然清晰可見，如今的山西「山景多清秀，溪水永環流」。

守軍指數

　　李廷章從民國六十五年起在山西經營「日友浴室」想賺幾元兵仔錢，但民國八十年左右就沒幾個阿兵哥來洗澡了。從來澡堂的阿兵哥人數，可以看出山西附近守軍指數。李廷章說以前連說軍隊守在哪裡都不可以，如果以前說「兵仔走了了」，簡直不知死，鐵定會因洩漏軍機被抓去關，現在阿兵哥回臺灣已是公開的秘密。「一個營有四個連，一個連超過百人，部隊陣容很紮實，」李律詩說從前一個營將近五百人而山西附近就守了三個營還加上團部。八二三時由於四面山上都是砲兵，山西被打得很嚴重，有的女人家屋子被打垮了，擦擦眼淚，再挺起身子與人商量借住空屋，五十多年時局較平靜時，才慢慢籌錢建屋。

金沙鎮青嶼

「以前一營站一村，現在半個金門島站一營，十個阿兵哥剩一個。」現年七十二歲的青嶼人張廷懷，看金門阿兵哥來來去去，他說從民國三十八年開始，青嶼駐軍每兩年換一次，海龍部隊、三二師、十八軍等部隊都在村落裡落腳過，一直到八二三砲戰後才移走。

青嶼是金門東北角臨海的小村落，目前仍是軍方運補草嶼的交通重地。青嶼老一輩的人都參與過民防隊，編組輪流划船協助阿兵哥運補，一個星期出操三次，直到四十五歲。張廷懷回憶當年草嶼打地下坑道時，小小島上曾經駐守了兩百多人，一船船運送彈藥、建材、食物等，是很大的工程。

張廷懷感嘆當時生活艱苦，村民沒得「賺吃」，大家跑去臺灣，一家只留一、兩個人

顧家。許多民宅住著的是阿兵哥，他們在牆上畫地圖寫反攻大陸等標語。時至今日，有的被砲打掉了，有的剝落了……。

一位婦人每天牽著牛走過刻著「解救大陸同胞」的石牆；一戶人家的牆壁畫著阿兵哥操練刺槍術，屋裡現今仍炊煙時起；兩層樓的壁面，海龍蛙兵在二樓牆上潛水，一樓骷髏圖案下寫著「忠勤、樸實、責任、榮譽」，這是昔日海軍特勤大隊駐守時留下的痕跡，現在成為村民的倉庫。

「骷髏頭代表著犧牲奮鬥、威武不屈，」已退伍的士官長李志春說，「民國六十三年時，兩棲偵察連一個排住在青嶼，六十五年後撤回溪邊。」二十二年次的李志春當了四十三年的軍人，民國八十一年退伍後住在曾經戍守過的青嶼。十五歲時李志春跟著十八軍離開故鄉福建連城，經梅縣、潮州、汕頭抵金門。古寧頭戰役時，他還是小毛頭一個，什麼都不懂，連長要他趴下就趴下。由於金門常鬧「水鬼」，蔣中正總統通令成立特種部隊訓練，民國四十四年李志春接受六個月嚴格的訓練，尤其以最後兩星期的「克難週」，不能睡覺最艱苦，三百六十二人受訓，最後只有四十九人畢業。畢業的人不論在軍事常識、體力能力及精神上都是最優秀的人，他們還有項特質：肯吃苦、不怕難。李志春記得當時蔣中正總統一年視察蛙人部隊兩次，

頭幾年視察時總是說：「好好鍛鍊，帶你們回大陸。」後來就只說：「好好鍛鍊！」

　　退伍後李志春回了離別將近五十年的連城老家，回來時聲音都哭啞了。「你願意自己的兒子當三、四十年的兵？」李志春士官長說忠孝不能兩全，從小離開家庭，國家把我養大，他說：「老兵心中沒有埋怨，有的只是『忠黨愛國』，從小跟著軍隊退至金門，保護金門，金門也是我的老鄉！」

　　「確保金門」、「反攻大陸」青嶼民宅牆上仍保留完好的標語，忠實記錄著民國四十年代金門防衛作戰的目的。今日金門戰地觀光蔚為風潮，金馬撤軍論時有耳聞，近五十年來兩岸情勢變化多端，沖刷了許多往事痕跡，青嶼的標語清清楚楚提醒著我們「有家有國」。

馬山觀測站

「端著槍、頭戴鋼盔，全副武裝的戰士，在馬山崗哨上眺望遠方，對岸河山隱隱在望，風雲詭譎……。」這曾經是馬山據點讓人印象深刻，屬於金門的的標準戰地風景。

馬山觀測站位於金門本島東部最北端，是距大陸最近的據點，退潮時與對岸的角嶼僅距二千一百公尺。

據點內有高倍率望遠鏡，供訪客眺望大陸河山，如在目前的大陸河山，常讓人感到不能置信，這真的就是我們口口聲聲要「反攻」、「解救」的大陸嗎？近在眼前卻又遠在天邊，馬山觀測站讓人驚訝時空的錯置！

「還我河山」四個大字，就立在觀測站坑道口前照壁上。眺望大陸河山後，這四字讓人躊躇滿志。

金沙鎮陽宅

　　陽宅的商店街冷冷清清。大門敞開的「新進興」是軍人的雜貨店，日用品、電器、百貨、禮品等什麼都有，同一條街上其他商家門半開半掩，新進興斜對面的「永遠卡拉OK」，不堪生意冷清早已結束營業，旁邊一戶破舊老宅雜草叢生，牆面「反共抗俄」標語也已斑駁。

　　金東電影院前一位政戰隊的士兵正在為寫著「經營大臺灣，建立新中原」、「當兵是義務更是榮譽」、「打擊走私販毒，維護社會安全」等政令宣傳看板塗上油漆。政戰隊精心繪製的「冬令期間軍紀安全注意事項」海報，更是張貼在電影院門口最顯著的地方以加強宣導。

　　民國四十九年春，金東守備區為充實文康中心而打算興建金東電影院，恰巧台北市議會議長張祥傳率團至金門勞軍，並捐助基金十二萬元，建築工程因此得以迅速展開，四十九年七月底金東電影院完工，至今仍然是金東守備部隊重要集會場所。「……人人唱三民主義的偉大。人人畫三民主義的美境。人人想三民主義的實現。人人做三民主義的鬥士。」立在陽宅中心位置的幾面大標語畫牆下，牆上除了標語，還畫上表現生活在三民主義下的臺灣人民生活安樂，政治民主自由的大壁畫。這是金東守備區師部附近的陽宅。

　　民國四十一年夏天駐守金東的「九古部隊」，為響應胡璉司令官造林綠化金門的號召，以克難精神在陽宅附近闢荒播種，灌溉施肥，不久即遍地蓊蘢，為紀念綠化成功而建造紀念亭，以劉海清及朱再天兩戰士貢獻最多而命名－海天園林，當時軍長劉鼎漢希望「取此磨刀揮劍日，毋忘牧馬放牛時」。今日金門司令官也強調官兵應有「同仇敵愾、同甘共苦、同生共死、同島一命」四項共識，要求貫徹命令達成任務。但是整個時代大環境的轉換，除了訓練官兵有戰備基本認識外，位於陽宅的「金東趙老師服務中心」前軍中休閒規畫的海報寫著「我就是愛玩」、「快樂高手」標題，讓村中「養天地正氣、法古今完人」、「完成復國建國神聖使命」、「打勝仗、立特功」等標語顯得好不沈重！

救星變蔣匪

　　陽宅一戶金門典型花崗岩民宅前，八十一歲的屋主陳篤僖請來工人正在搭建鐵皮屋，準備當作廚房及浴室。五坪大的鐵皮屋只要兩天就可完工，所以鐵皮屋如雨後春筍般，在金門各角落出現。陳篤僖說現在的金門變化大，沒有一樣跟從前一樣。

　　民國三十五年陳篤僖隨新一軍在東北當兵，結果被共軍俘虜，改編「四十一軍一二三師三六七團二營四連」，當時的「民族的救星」變成「賣國賊蔣匪」，陳篤僖仍清楚記得這讓他有家歸不得的改變。闊別家鄉四十六年後，民國八十一年八月二十一日陳篤僖回到想念已久的家鄉，才聽媳婦與村人說他的「愛人」，在民國四十三年時看到軍人到家裡來害怕，匆匆關上門板不肯開門，結果就在寫著「主義、領袖、國家、責任、榮譽」這間屋子的護龍裡，被開槍打中胸部死亡，媳婦也遭波及住院三個月才康復。回金門時陳篤僖什麼證件也沒有，他寫信至國防部報告，國防部查閱當年名單後寄來退伍令，前年國防部還補償他八十萬，如今他的身份是榮民。

金沙鎮浦邊

「反共抗俄歌」是民國四、五十年間，金門人耳熟能詳的歌。那時每天下午四點半，各村里擴音器及領有執照的收音機，同時播放這首歌。歌詞內容為：

打倒俄寇　反共產　反共產

消滅朱毛　殺漢奸　殺漢奸

收復大陸　解救同胞　服從領袖　完成革命

三民主義實行　中華民國復興

中華復興　民國萬歲　中華民國萬萬歲

浦邊是金沙鎮臨海村落，村子裡有面牆刻著「反共抗俄」，這響徹雲霄的口號，提醒軍民奉為圭臬。

浦邊臨海處有湖名曰葉章湖，湖側立一石塔，石塔下方鐫一段碑文，記述此湖之由來：「葉作霖，四十八年八月，任陸軍二十七師七十九團第二連連長，成於此。因見此湖具經、軍價值，著手興建此湖，不數日而得工程之半，旋因奉命調防，乃將所餘工作交與接防之八十團第二連連長章菊生。秉葉君之意志，旦旦而益，至十月中旬。成此湖。

此湖之貴，非盡貴於其有經、軍價值，乃貴於葉君有勇敢任事之初志與章君有克紹期成之決心。至若其他足供研究之流體力學與海堤防洪之智識等等則又其次也。四十八年十月誌者誌。」

時代腳步匆匆，曾幾何時，「共匪」這樣的字眼都已不再適合使用，金門自開放觀光，新興許多新式國宅、旅社。只是有時兩岸關係緊張，掛在石牆上仍可零星偶見的標語，似乎隨時可再從牆上跳出來，令人覺：此一時，彼一時；戰有時，和有時。

如今浦邊的「反共抗俄」標語前，立了竹竿，牽上繩索。居民在「反共抗俄」前最常做的事是：曬衣服。久不聞「反共抗俄歌」。

金湖鎮 瓊林

村子口昔日「建設配合作戰」的標語，今日改成「建設配合觀光」較貼切。三十多年前村民拼命挖的戰備坑道，如今參觀一次十元……

金湖鎮瓊林

　　金門如此安靜的清晨，鳥鳴聲中，讓人懷疑置身「戰地」嗎？五十二歲的蔡先生，從瓊林巷弄裡的水井打了兩桶水，擔到路旁三角空地為新種的菜蔬澆水。小菜園旁的石牆還刻有「軍民團結」、「消滅朱毛」的標語，祖厝被軍隊「借住」，屋主早已遷至臺灣。蔡先生利用這片空地種了許多年菜。

　　不久一輛遊覽車停在村子口，讓遊客看看金門的風獅爺。風獅爺後的瓊林村看來都是改建後的水泥洋房，村子口「建設配合作戰」的標語，如今似乎是建設配合觀光，瓊林村幾條主要巷弄均已鋪上整齊紅磚，村辦公室前更闢建成停車場方便車輛停車。參觀過瓊林坑道的人都很佩服坑道四通八達，如果沒依指示走還會迷路。

　　民國五十三年時瓊林村主要的建設是挖坑道。七十八歲的蔡清鵝回憶當時瓊林村民防隊約兩百人每人先分五公尺長，規定十天內挖好坑道驗收。挖坑道時得向下深掘五公尺，除了

小圓鍬外完全用手挖，也不懂什麼技術，完全土法煉鋼個人抓個人的標準。自衛隊的壯丁們人人都挖過坑道，挖久了「聽聲音」就能判斷挖坑道的走勢。自己沒辦法挖的還得請人挖，五天的工錢要一千元。從村辦公室的坑道入口通到村子口的風獅爺只是其中一段，整個瓊林村地底串來串去都是坑道，還通到鄉里外。地底很熱又沒空氣，白天也得點蠟燭挖的瓊林的坑道整整花了村民四年時間才完成，當時他們拼命的挖坑道怎會想到後來變成觀光用呢？

　　瓊林街一號的蔡氏家廟現在也是瓊林的「老人間」，每天傍晚家廟旁的石條椅總有老人閒聚聊天。二十二年次的蔡其樂笑說自己「從頭被操到尾」，因為自衛隊從十六歲入伍到五十六歲退伍，民國三十八年時蔡其樂剛好滿十六歲，七十九年金門解除戒嚴他剛過五十六歲。問大家瓊林駐守過哪些軍隊？「太多了，忘記了。做事人過一日平安就好，就像吃晚餐，吃過明天就忘了，」民國二年生的蔡秀才說，「做事人哪裡知道歷史。」

　　籃球場旁一間倉庫的牆上寫著：「獨立作戰、自力更生、堅持到底、死裡求生」村民說這地方以前是師部。

風獅爺附近「芳園植嘉木，碧海勵忠貞」的「瓊林林園」、風光六Ｏ年代的「兒童樂園」都已荒蕪。兒童樂園裡立著蔣公頭像，底下水泥鐫著大理石寫著蔣公遺囑。兒童樂園裡還有紀念亭，「……古寧一役樹奇功，血染灘頭秧水紅。故國河山驚變色，漫天風雨泣豪雄。」民國三十九年十一月接防瓊林一帶的支隊長侯志磬，於民國四十年青年節紀念亭落成時為「緬懷先烈為國為忠殲匪取義」書刻碑誌以示紀念。將近五十年前的碑誌字裡行間已模糊難辨，人們也淡忘了……。

　　「一、效忠領袖、團結奮鬥。二、奉公守法、實踐力行。三、注重禮節、講究衛生。四、互助合作、敦親睦鄰。五、勤儉節約、創造財富。六、生產建設、莊敬自強。七、保密防諜、維護安全。八、人人戰鬥、保家保鄉。」瓊林村辦公室國父遺像下還懸掛著幾乎已被遺忘的戰地政務時期金門縣民眾生活公約。

山外的「番仔樓」飽經世事變遷，不變的是番仔樓前
「軍民團結」、「消滅朱毛」的標語。

金湖鎮山外

　　星期假日，一輛輛計程車載著阿兵哥衝鋒陷陣、趕赴沙場似的在馬路上飛馳。計程車來來回回，目的地都是山外。金門山外街上的繁華，就像台北的西門町。四十九年次的蔡小姐從小在山外街上長大，她看著山外街上的屋子由平房越蓋越高，如今多是四層樓的樓房，很少四處走動的她認為反共標語只有在「鄉下」才看得到。

　　山外舊村落裡的番仔樓威風不再。民國三年出生的陳永安坐在番仔樓前階回憶民國三十八年國軍自大陸撤守，十八軍軍部就設在番仔樓，當時軍長高魁元一出門，十二位腰間配槍的侍衛兩列後隨，很威風。年底古寧頭大捷後，蔣中正總統也在番仔樓旁司令臺前點

名有功官兵。陳永安說當時看總統不比現在，手指不能隨便比，手抬一下都不行！

　　徐之祖提了條魚從番仔樓前刻著「軍民團結」、「消滅朱毛」的民宅走過，穿過巷道，準備回家煮晚餐，屋旁還養了兩隻雞。十六年次的徐之祖抗戰勝利時跟著駐守福建省浦城縣的部隊離開家鄉，當時只覺得好玩。民國三十八年跟著部隊從廈門撤退至小金門，三十九年移防大金駐守

斗門，在政府「一年準備、二年反攻」的號召下以為很快可以回家了，一年拖過一年沒成家。民國六十七年上士退伍後一直住在山外，他指出早年的豬欄羊圈，如今已變成黃海路的樓房商店，現在徐之祖覺得自己已經是金門人了！

　　金湖國小教師陳來添〈六十年次〉家就住在番仔樓斜對面，他的爸爸陳宋是老士官長，民國五十年時就住在山外。陳來添記得小時候常跟玩伴到番仔樓玩捉迷藏，爬芭樂樹。番仔樓裡面房間很多又有地道，還傳說裡頭鬧鬼，因此到番仔樓探險可以說很刺激恐怖。

番仔樓的牆上如今掛著「君臨天下」的壓克力招牌，經營ＫＴＶ、夜總會與宵夜。八二三時它曾經是軍官俱樂部，不久改成國軍招待所。閩工處情報局進駐時曾大翻修了一次。軍郵局也曾暫借過番仔樓。民國八十三年番仔樓變成金門洋行，賣金門特產做旅遊團生意，由於生意不好半年後轉租他人，開設「京城天下」ＲＴＶ、ＫＴＶ與夜總會。建成於民國二十三年的番仔樓可以說飽經世事變遷。

　　黃海路陸軍第三考指部前牆壁寫著：「領袖訓示：獨立作戰、自力更生、堅持到底、死裡求生」，八十七年十月考指部變成「南雄山外文康中心」。

　　繁榮的山外愈來愈沒有標語生存的時空。

新湖漁港的標語

　　民國六十八年前，新湖漁港還是個花崗岩小丘。自民國六十八年起金門駐軍工兵單位開山闢路、鑿石築堤，硬是爆破岩盤，打通航道，建成漲潮時水深可達八米，退潮時深兩米，可容百艘五十噸級漁船全天候作業的新湖漁港。在戰時，新湖漁港還可供軍用船艦使用。

　　新湖漁港工程艱鉅，前後歷五年，經李家訓、蔣仲苓及許履農三任司令官。〈今金門水產試驗所的試驗船即名家訓號〉。近年兩岸關係日趨緩和，大陸漁船有恃無恐地不斷逼近金門海域捕魚，尤其炸魚嚴重破壞附近魚類生態，使得金門漁民面臨無魚可捕的窘境，新湖漁港的魚市場顯得冷冷清清。只能寄望未來朝觀光漁港發展。

　　漁港大樓旁矗立的大標語牆，白底紅字寫著「實踐三民主義、光復大陸國土、復興民族文化、堅守民主陣容」，還有一面青天白日滿地紅的國旗，十分醒目。

金城鎮金城

　　金城是金門的文化、政治與經濟中心。由金城車站的綜合商業大樓七樓俯瞰金城，水泥樓房連綿，許多角落正在大興土木。車站前的道路上停滿了等待客人的計程車，縣府前的民生路，各種車輛來來往往。路燈、紅綠燈、高樓旅館林立，以及許多的特產行，這幾年的金城像睡龍翻了身。

　　車站旁一處工地原先的水泥平房剷平後，露出的牆面寫著：「我們的言行準則：精誠團結、擁護政府、自力更生、奮發圖強」這兒原是金城東、北門里的辦公室，昔日民防自衛隊中隊部，如今將土地歸還百姓，正拆建成商業大樓。民國七十三年台北市第十信用合作社為向「金門前線軍民同胞表示最崇高的敬意」，而捐建的中正圖書館，如今是福建省政府所在地。

　　擔任省政府新聞聯絡人的陳國興〈五十九年次〉，印象最深的是以前讀高中時在中正圖書館讀書，常常可以聽見圖書館旁的海防據點—雄獅堡，驅離射擊的槍砲聲。金門高中的後門今日仍寫著：「讀書不忘救國，救國不忘讀書」。七十年代金門縣府在縣立體育場旁矗立六塊標語牌，寫著整潔的金門、禮貌的金門、守法的金門、秩序的金門、戰鬥的金

門、均富的金門，許多人至今仍朗朗上口。省府主席秘書楊炳珍〈五十六年次〉覺得不同的是以前一個口令一個動作，貫徹實施這些口號，現在變成習慣用語不會身體力行。

　　金城鎮民眾服務社前的牌樓內容時常因慶典、節日或選舉等而變換，十分具有時效性，祝縣民「平安幸福」是最新的標語。從軍派縣長、官派縣長到民選縣長的陳水在認為，現在的金門精神是「繁榮、進步、祥和、均富」，縣府裡「毋忘在莒」的標語於八十一年時改成「崇法務實」。在縣政府於八十五年底編印的《金門地區六年經濟建設》封底寫著「我的家鄉我愛，萬事莫如建設急」，陳水在縣長希望金門將來是「尊嚴、繁榮、富裕、美麗」的島嶼。

八○五部隊

　　七十九歲的許丕謀老里長白天喜歡在古早的南門街〈今珠浦南路十八號〉同人談天說地，他說軍管時期可不能讓你「加減講」，他記得以前發生的幾件趣事：民國四十一年左右規定金門百姓要以八十元五角買阿兵哥淘汰了的軍服，百姓捨不得就拿來穿上街，憲兵看百姓穿軍服上街，就捉來問你們是哪個部隊的？百姓回答：八○五部隊。另一件事也是發生在民國四十多年，當時一位外省老人獨居在金城，某年春節他寫了：「美援俄援獨我無援，蔣匪毛匪二子皆匪」的春聯貼在門口，引起軒然大波，被捉去問話。原來是他的大兒子當國軍，二兒子當共軍，只剩他一人在家過年，因為思鄉所以寫春聯透露他的心聲與怨嘆。

金寧鄉北山

　　不到古寧頭一遊，似乎就沒到過金門。金寧鄉林厝寫著「古寧頭戰場」的城牆正在整修，工人說原來磨石子的牆面不夠漂亮美觀，所以在外頭砌層光滑的大理石磚。

　　民國三十八年十月二十四日共軍散發小傳單標題寫著：「船工畏縮，嚴格督促！」、「攻打金門，渡海作戰，海上航船，要靠船工……大眾同志，嚴格督促，指定方向……這樣才能，順利登陸，全殲蔣匪，個個有功。」十月二十五日二時左右共軍第十兵團先遣一萬餘人，分乘各型漁船兩百餘艘，利用暗夜渡海進犯，在金門壟口至古寧頭間登陸。「為解放全中國而英勇前進！」、「把決心變成行動，打下金門保持我國光榮傳統！」共軍認為要打金門有四大要領：第一偷渡，打垮反撲。第二就要積極動作，敢於作戰。第三記住不可怕死，殲敵得活。第四做到行動靈活，俘虜活捉。緊緊記住，四大要領，解放金門，更有把握。

　　古寧頭戰史館陳列的「擄獲共軍文件」，其中「先鋒證」、「立功證」、「小傳單」等小小紙片，口口聲聲「解放金門、立大大功」！今年七十六歲在金門縣大同之家安養的郟雲秀，當時就坐上木船要渡海打金門。他回憶：「三十八年時隨國軍到上海剿共，被共軍俘虜，後來跟著共軍到浙江，找到機會開小差，跑到福州投靠國軍。不料，師部的某團長

拉著部隊投共。十月二十二日跟著部隊從福建的福清縣到金門對岸的大嶝島，一直到二十五日凌晨坐上船才知道要渡海打金門。在安岐附近的『東一點紅』上岸後，共軍為掩護，採用『人海戰術』，大嶝、蓮河打過來的砲火將地皮翻了好幾層，塵土飛揚，根本搞不清楚方向。天亮後，找到機會向國軍六十八師投降，馬上又被編入國軍中，任務是扛輕機關槍的彈藥箱，跟著往古寧頭『北山洋樓』挺近。」

　　北山村當年親身經歷過古寧頭戰役的年輕小伙子，如今都在北山老人休閒會館喝老人茶聊天。七十五歲的李水註形容當時整個庄頭煙火漫漫，彼此看到就打，根本是一場混戰，一連少年青年軍夾在中間，死得真不值得！七十六歲的李金純戰後幫忙埋葬阿兵哥，他說那些阿兵哥穿的衣服和百姓沒兩樣，袖子掛塊紅布就是敵人了，屍體太多了有的只好拖入古井。

　　七十七歲的李增良一開始躲在土洞裡，被國軍捉出來煮飯，後來還被當成俘虜，跟投降的八路軍一起被捉去「成功」，準備隨後送回臺灣。幸好成功的保長認出他是北山人，回北山過了一夜，又被捉去古寧頭的海邊挖壕溝。「險險死！」李增良回憶當時怕也沒辦法。

　　彈痕累累的北山洋樓，如今是熱門觀光景點。一群年輕的阿兵哥，參加「金門一日遊」的活動，在北山洋樓站下車後，大家紛紛走入旁邊的雜貨店吃冰淇淋，立在一旁的「北山村巷戰紀念誌」石碑，沒人看一眼。金門一日遊是金門司令官為使官兵能有正當休閒活動而規畫，藉以認識金門的環境、名勝古蹟，增進對金門的感情。

　　當戰爭朝向觀光事業，那滋味總有些不太對勁。

標語與海報

　　北山雜貨店旁一戶民宅牆上寫著「新速實簡」標語，被「搶救雷恩大兵」、「情人盒子」等電影海報蓋住，第二天電影海報又被撕下，換成立委候選人「金門再造」、「人民作主」的競選海報。

烈嶼鄉湖井頭

「有金馬才有臺澎，有臺澎便有大陸」九宮碼頭以寫著這兩句話的牌樓歡迎蒞臨小金門的遊客。到湖井頭的烈嶼戰史館，由望遠鏡眺望廈門高達六層樓的「一國兩制統一中國」標語牆〈八十六年七月一號香港主權移交時出現〉及廈門前埔經濟特區，是小金門近來觀光的熱門景點。

「我看到大陸的船了！」四十五歲的王太太驚呼！第一次到金門的她不敢相信兩岸距離這麼近，「那個島是我們的還是他們的？」王太太問身旁的阿兵哥，阿兵哥回答：「你看那島上插了青天白日滿地紅的國旗，是誰的呢？」眼前的小島叫獅嶼，透過望遠鏡獅嶼像顆大石頭，島上竟然標語密佈，「毋忘在莒」、「枕戈待旦」、「主義、領袖、國家、責任、榮譽」、「忠誠、團結、風氣、效率」讓人會心一笑，這些標語似乎是寫給觀光客看的。

負責湖井頭戰史館維護解說的士官姜林明憲估計平時參觀戰史館的人數約有三、四百人，假日有時多達一千人。導遊指著一張蔣中正總統於民國五十二年巡視大膽島的照片，要大家仔細看清楚，可別把大膽島的精神標語「島孤人不孤」看成「鳥抓人不抓」。在小金門還有觀光船載遊客至大膽島附近，看廈門「一國兩制統一中國」的標語牆，也有人曾經到廈門的鼓浪嶼看大膽島的「三民主義統一中國」。「一國兩制統一中國」與「三民主義統一中國」的對照，讓曾任上林將軍廟據點的連長寫下：「濤浪激石血奔騰，故國赤禍土蒙塵，仰問蒼天誰與爭，唯有忠肝義膽人。」。

在板橋地檢署工作的黃小姐，小時候聽父親說過八二三砲戰時，本來在執行任務，連長要他出去買個東西，回來時發現替代他勤務的人已經殉職的往事，因此對於金門有分神秘的感覺，這次參觀湖井頭戰史館讓她增加了許多金門實際的印象。

小金門村落旁防空洞刻著許多標語。后宅村的防空洞刻著「自古王業不偏安，如今匪我豈並存」，后頭村的防空洞刻著「精誠團結滅共匪，堅忍不拔復河山」，黃厝的防空洞則是「莊敬自強步步求生，處變不驚時時救國」。

在金門打過仗的人感觸最深。「當時一聽說要過來，家人就哭了！」二十六年次的陳慶清八二三時在海軍泰倉艦服役，護航船隻運輸與補給。由於民國八十七年是八二三勝利

四十週年紀念，八二三聯誼會台中縣分會特別組團重遊戰地。「當時穿梭砲彈間，根本沒抱希望能活著回臺灣，」霧峰分會會長林文安說，「以為回不了臺灣了！是當時所有步兵的心情。」林文安回憶初到金門時被砲彈嚇一跳，一星期後才上大號。林大宇與林政治當年均服役於二樓小艇大隊，由料羅灣運補大、二膽島、東碇。二十五年次的古萬明砲戰時戍守二膽島，本來一連一百多人，砲戰後連長帶十二個兵回小金門，連長飯也吃不下，一直哭他沒兵了。古萬明記得當時旁邊的人才說要去站衛兵，一回頭人已躺在旁邊流血了。「活秒的！」古萬明認為這條命是撿回來的。

小金門—烈嶼，曾經如此壯烈！

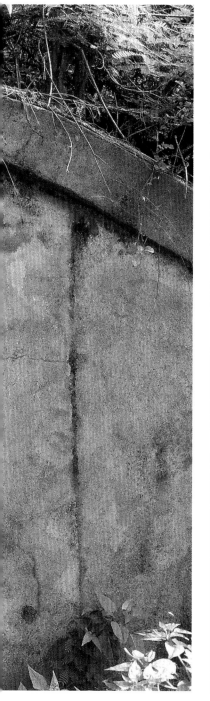

馬 祖

馬祖地圖

南竿鄉

四維村：聞雞起舞　壯志餐食朱毛肉　笑談可飲匈奴血
　　　　心懷大陸　乘長風破萬里浪　展壯志立百代功
　　　　氣勢何雄渾　翻動幾成雷
馬祖村：忠誠　團結　風氣　效率
天后宮旁哨所：屏障前門　盡除赤患
珠螺村：互助合作、毋望在莒
清水村：民生至上　建設第一
八角亭：軍民一家　同島一命
津沙村：克難創造　發揚革命精神　完成中興大業
　　　　鐵血　同共匪拼死活　與鐵堡共存亡
仁愛村海龍蛙兵：海域殲敵耀英豪　龍騰虎躍衛國疆
　　　　　　　　安危他日終須仗　甘苦來時須共嚐
中興嶺：忠貞　團結　鞏固　精鍊
　　　　忠誠　團結　風氣　效率
梅石成功亭：勝利第一　成功第一
民眾公墓附近：一彈一匪　百戰百勝
三槍堡：確保馬祖十大勝利保證
福山照壁：枕戈待旦
福沃港：建設馬祖　光復大陸
　　　　貫徹以三民主義統一中國
經澤村：事在人為　人定勝天
　　　　勝利之路
復興村：實行三民主義
連江縣政府：國家至上　縣民第一　廉潔效能　犧牲奉獻
介壽村：管教養衛、敬軍愛民、安和樂利富而好禮
馬祖中學：枕戈待旦

北竿鄉

橋仔村：反抗俄寇侵略、復興中華民族、加強地方建設
莒光堡：莊敬自強
碧山頂：確保馬祖、彈不虛發　彈彈射正朱毛首　發發命中匪艦機
芹壁村：蔣總統萬歲、解救大陸同胞、檢肅匪諜
中興公園：誓與馬祖共存亡　決將犯匪盡殲滅
里村：管教養衛、精誠團結凝戰力　枕戈待旦復河山
白沙港：忠誠　團結　風氣　效率
午沙：守土任重應加強戰備、求知路遠且勤奮讀書
碧園公園：革新　動員　戰鬥
后沃村：可以百年不用　不可一日無此
塘岐村：還我河山、整齊　簡樸　團結　和諧　守法　進步
　　　　精誠團結　同仇敵愾　聞雞起舞　枕戈待旦

東引

忠誠門：勤勞儉樸　崇法務實
南澳天后宮：鎮海屠鯨消滅朱毛漢奸　長風破浪光復華夏神州
中柳村：整潔　禮貌　秩序　戰鬥、軍民一家　互敬互愛
樂華村：三民主義統一中國、固若金湯　其介如石
中柱島：親切自然　奉獻犧牲
東指部軍官俱樂部：勤儉精實培養戰力　忠義驃悍光復神州
　　　　　　　　　主義　領袖　國家　責任　榮譽
北燕堡：上崗就是上戰場　認真服勤即報國
小紫沃：殺共匪
西引：事在人為　人定勝天、忠義驃悍

亮島

軍魂亭：登高望大陸　跨海平妖魔
亮島臺：亮照大陸　島立天中、堅定反共信念　力行民主
憲政、反共前鋒、效忠穀統
百勝港：照亮大陸、一切為作戰　一切為勝利
高登：固守高登　屏衛台海、自立更生　獨立作戰
大坵：實行三民主義、消滅朱毛漢奸、軍民合作、效忠領
袖、大坵勇士　敢戰　樂戰　能戰　善戰、島孤人不孤、
海角樂園

莒光鄉

菜浦水庫：同島一命　奮戰到底
青帆村：效忠總統　吾愛吾鄉
　　　　衛我山河憑陣固　殲彼匪寇賴民和
　　　　金城湯池雄鎮閩海　枕戈待旦誓復中華
青帆港：忠誠　團結　風氣　效率
　　　　毋望在莒
田沃村：奸匪竊國鬼神難安　驚濤駭浪幸得自由
五四據點：生死榮辱與共　吃喝玩睡一起
福正村天后宮：國仇家恨誰不知消滅共匪定千秋　親恩兄義一身殉感動人心
福正水庫：同島一命、還我河山
某廢哨：沉著勇敢鞏與陣地共存天　砥礪忠貞發揚革命精神
某廢哨：一顆心效忠領袖　一條命確保馬祖、貫徹以三民主義統一中國
猛沃港：軍令如山　軍紀似鐵、崇法務實　勤勞儉樸
某據點：氣壯山河
某廢哨：天下為公　明恥教戰　枕戈待旦　精誠團結
大坪村：大公無私　誠摯純潔　犧牲奉獻　不斷革新

馬祖反共標語急速消失

　　軍方半毀的碉堡裸露在馬祖南竿山線主幹道旁，相思樹殘枝倒在路旁還來不及清運，被怪手削得筆直的山壁，在夕陽照射下紅通通地，一部計程車駛過揚起漫天塵沙。這是南竿山線主幹道路為配合三年後南竿機場完工的交通流量，正在進行拓寬道路邊坡取直工程的現場。

　　看來嶄新的營舍空無一人，牆上寫著「兩腳踢翻塵世浪，一肩擔盡古今愁」。舊中山室水泥門上刻著「民國五十年三月二十九日竣工。鐵軍鐵光部隊三連創建。」走過寫著「我機警嗎？我勇敢嗎？」的崗哨，隱在山頭昔日政戰點門口刻著「一條命確保馬祖，一顆心效忠領袖」周圍遍佈芒草。這曾經是六一七營四連人聲鼎沸的營區，如今只剩下一隻小狗跼縮在睡袋上。「四砲砲操冠馬祖，出名跨海跳砲堡。一七八０梯永別牛角嶺。」牛角嶺曾經是軍事重地，附近大砲、據點林立，因南竿機場的興建即將夷為平地，軍方全力配合工程內的軍事設施遷建。

　　有人形容「南、北竿機場如『作戰』般展開」，例如民國八十七年初為北竿機場跑道東移，移山填海，炸平北竿鐵拳山。有人以「實施地方自治五年的建設，是戰地政務四十年的總和。」形容馬祖各項建設進步的快速，今年更是馬祖地區的「建設年」，機場、碼頭、水庫、道路等重大工程陸續登場，縣府更將處理交通問題列為「第一優先」。在北竿

坂里路旁民宅牆上的標語，因爲跟不上時代「有礙瞻觀」整個被塗掉。

北竿附近的大坵島原本島上標語林立，如今因精實案大坵撤軍，標語苦無用武之地。精實案以自動化、整體化、飛彈化、立體化爲目標，精實三軍兵力與組織結構，建立小而精、反應快、高效率的部隊。因此東引昔日的反共救國軍指揮部，已精簡成東引守備旅，馬祖防衛司令部亦裁撤了許多單位。很多據點已淹沒在荒煙漫草間，反共或精神標語也隨之煙消雲散。

在馬祖各界爭取成立國家風景區的努力中，南竿的鐵堡、北竿的碧園、西莒的荣浦沃、東引的北海坑道等幾處軍事據點已經觀光化。北竿芹壁村「蔣總統萬歲」等標語則幸運地因聚落保存引起重視而而逃過一劫。散佈馬祖各角落的反共、愛國、精神標語其實有它獨特的時空背景。在南竿四維村新近拓寬的道路旁，一座被剷除得面目全非的碉堡門上刻著「聞雞起舞—壯志餐食朱毛肉，笑談渴飲匈奴血。」偶然路過看到這樣的標語，何妨多看它一眼，因爲現在看到它，不代表它將永遠存在。

忠誠、團結、風氣、效率是馬祖現在最風行的標語

在馬祖最多的標語是：「忠誠、團結、風氣、效率」，這八個字於民國八十六年開始，像春風吹又生，在馬祖綠了一地。

碼頭、港口、主要道路、營區都可以看到它。

前參謀總長羅本立提出「忠誠、團結、風氣、效率」，馬防部於民國八十六年間將許多舊標語牆統一製作這八個字，以示「貫徹奉行」。

在北竿的迎賓館裡，整面牆壁寫著它的意義：

忠誠：要做到絕對忠於國家、忠於統帥、忠於職守以及堅定愛國愛民、保國衛民的基本信念。

團結：要確保官兵團結、單位團結、三軍團結，絕不容許有任何分歧意識與破壞團結的行為。

風氣：要摒棄過去衙門作風，根絕辦公不辦事惡習，透過教育訓練嚴肅軍紀，確保部隊純淨。

效率：要掃除講得多、做得少，計畫多、成就少，轉達多、督導少，命令多、貫徹少的心性。

在外島看到阿兵哥有感而發，因地制宜「創造」的標語，令人動容。當標語被「統一」了後，「生命力」似乎減弱了。

確保馬祖十大勝利保證

在馬祖南竿福沃港往清水方向，經「三槍堡」圓環旁，有著「確保馬祖十大勝利保證」標語牆，寫著：信心夠、戰志堅、訓練好、工事強、地形險、部署周、火力大、軍品足、警覺高、戰備全。馬祖防衛司令部製於民國六十三年十月。讓人很好奇，究竟十大勝利保證葫蘆裡賣什麼藥？

後來我在亮島指揮部牆壁上找到答案：

「確保馬祖十大勝利保證」

一、信心夠：信仰領袖，一定成功，相信自己，一定勝利。

二、戰志堅：倖生不生，必死不死，有我無匪，有匪無我。

三、訓練好：精淬勁練，強若鋼鐵，戰術戰技，超敵勝敵。

四、工事強：彈道低伸，位置隱蔽，能耐轟炸，能抗砲擊。

五、地形險：山勢峻急，懸崖峭壁，遍佈暗礁，登陸不易。

六、面積小：幅員有限，縱深短促，匪部蝟集，利我急襲。

七、火力大：平面空中，火力重疊，灘頭水際，火網濃密。

八、軍品足：軍品物資，充分屯儲，擴大生產，自給自足。

九、警覺高：電子偵控，哨戒嚴密，時時備戰，慎防匪襲。

十、戰備週：計畫完善、指導適切、準備周到、萬全無失。

司令官夏中將手訂 軍魂部隊恭製

夏中將就是夏超將軍，字荷池，生於民國七年。民國六十二年二月十六日至六十四年四月一日，擔任馬祖防區司令官。親撰「確保馬祖十大勝利保證」，手訂「怎樣打勝仗」以精進部隊訓練。

南竿鄉福沃港

　　馬祖人印象最深的標語是什麼？「枕戈待旦」人人耳熟能詳。

　　南竿福沃港旁，福山頂照壁「枕戈待旦」四個大字，船來船往，遠遠就可以看到。看到「枕戈待旦」也就知道南竿近了，馬祖到了。

　　民國四十七年七月，閩海風聲鶴唳，戰爭有一觸即發之勢。蔣中正總統到馬祖巡視，題「枕戈待旦」勉軍民合作。但是福沃港的「枕戈待旦」只是「分身」，它最早期的「真跡」，在馬祖中學校門前的高地上。談起馬祖中學前的「枕戈待旦」，四十六年次的曹以雄與宋志富都興奮了起來，他們神秘地笑說：「很多人的戀愛都是在這兒談的！」

　　馬中前的「枕戈待旦」位於山隴〈介壽村〉的制高處，剛做好時，由於視野好可以看海，曾是當地百姓熱門的「風景區」。而位於高處可以監控四方，安全又安靜，吸引很多年輕人在此「夙夜匪懈」地談戀愛。現在馬中前的「枕戈待旦」，已被周圍環繞的樹木遮住。

尋找南竿津沙村的標語

　　我買了兩本馬祖旅遊的書，在書中看到一些標語，將它影印下來，帶到馬祖打算「按圖索驥」。

　　其中最吸引我的是傍著崖壁的臨海哨所寫著「莊敬自強——一條心消滅共匪，一條命確保馬祖」，當我輾轉打聽到該處哨所乃是位於北竿鐵拳山的九九據點，卻同時得知鐵拳山已因機場擴建被剷平，九九據點已從地球上消失了。心裡很是悵惘！

　　馬祖的戰地面紗正一層層褪去。

　　終於我來到南竿津沙村，據書中顯示該處民宅牆上寫著：「克難創造——發揚革命精神，完成中興大業」圖說又寫「殘破的屋舍昔日為製餅店家，小本生意營生之餘仍不忘復國大志」。

　　我憑著對標語的高度熱情與忠誠，敏感地嗅出它的芳蹤。附近居民說昔日此村屋曾為軍方借住，軍民曾住在同一屋簷下一段時日，待軍營建設完成後，阿兵哥便撤走。如今已人去樓空，留下門前斑駁標語。

南竿鄉八角亭

　　民國八十七年六月二十七日，我到馬祖南竿，騎車經過八角亭時，看到路邊矗立一面水泥牆，以水泥新塑「軍民一家、同島一命」幾個字，塗掉的牆底可以看出原來寫著：中華民國六十五年十月馬祖防衛司令部製。

　　隔天我又經過時，「軍」字已塗上白漆，阿兵哥說部隊裡雜事多，有時做這事，忽然又被找去做別的事，但這幾天就可以做好這面標語牆。

　　我去了趟東引，又去了東莒、西莒，四天後再經過八角亭時，標語牆已經完工。黃色的「軍民一家、同島一命」漆在綠底上。牆底改成：中華民國八十七年六月馬祖防衛司令部製。

　　附近憲兵隊跑步經過，我請他們在剛出爐的標語牆前拍張照片，這樣的年代，年輕的阿兵哥們可能體會這八個字的深意？

八十七年八月十五日，馬祖日報的社論寫道：

　　「今天有少許縣民把地方落後歸咎軍管，此乃見仁見智，我們認為戰地政務期間，民眾在自由方面確實受到影響，但是官兵為地方流血流汗的事實決不能抹煞。造林成果、教育普及、良好治安都是在軍管時期所建立的堅實基礎。現在各鄉商業因部隊裁減而蕭條，也凸顯官兵消費的重要。

　　地方自治後軍政分家，國軍任務改變，已沒有協助地方的義務，但各島官兵依然提供支援⋯⋯官兵平日為地方所做的奉獻多得數不清。

　　『軍民一家，同島一命』不是口號，也是地方賴以發展的助力，在這個島嶼上任何建設或任何情況發生，軍民都不能置身事外，過去如此，今天一樣，未來更不能改變，在此我們特別呼籲各界認清軍民合作的重要，官兵能夠繼續參與地方事務，也期待鄉親給予阿兵哥尊重。⋯⋯

　　我們更期望地區軍民能夠一本愛護這塊土地的情懷，繼續為這塊土地進步繁榮而努力，這才是馬祖最大的希望。」

　　馬祖日報是馬祖地方報紙，平日每天發行一大張，四個版面，每年為慶祝九三軍人節，特別增印兩版刊載馬祖各界「慶祝九三軍人節向防區官兵致敬」的賀詞：「衛國保民為軍人天職，分甘共苦得將士歡欣」連江縣長劉立群暨縣府同仁敬賀；各級學校校長敬賀「為國干城」；「折衝千里，董正六師」各海運行全體同仁敬賀⋯⋯。

南竿鄉山隴

　　身為福建省連江縣政府，縣府建築物上的標語，格外具有時代意義與精神象徵。

　　位於山隴〈今名介壽村〉的連江縣府，籌建於李明萱司令官任內〈民國六十五年七月至六十六年十一月〉。民國六十八年四月十四日，經國先生蒞馬宣慰軍民同胞，勉勵大家「精誠團結，同仇敵愾，聞雞起舞，枕戈待旦」，這四句話似乎是為連江縣政府量身訂製的標語，近二十年來一直掛在縣府牆上。

　　一直到八十六年底，才改成「國家至上，縣民第一，廉潔效能，犧牲奉獻」，並有小標：「勤儉，克難，創造，親切，便民，服務」變化之大可說大刀闊斧的讓人耳目一新。

馬祖村辦公室的招牌「管教養衛」

　　在馬祖，「管、教、養、衛」是村中的精神標語，每個村都看得到這四個字，它代表著村辦公室在此。

　　南竿珠螺村二十五號的牆壁爬滿藤蔓，綠色藤蔓間有著紅色管、教、養、衛四字。四十二歲的陳新光目前住在這兒，他正趁著好天氣清理屋內。他說這棟屋子由村裡民防隊建造，已經五十多年了，最早期是學校，後來當村辦公室，荒廢了一段時間，目前是民房。

　　「當年村中有民防自衛隊，每天得戰備或從事建築工事、搬運等，都是做公家，吃自己。」陳新光說，管教養衛的意思就是自己管自己、養自己，保衛自己的村莊，當部隊的後援。

　　陳新光印象中從前村裡到處都有標語，村裡標語隔幾年就粉刷一次，蔣總統未過世前標語都還在，可以說標語與生活結合在一起。民國六十七年開始沒經費粉刷，標語漸漸褪色消失。

首任經由連江縣民投票選舉產生的縣長也在此時產生。

連江縣長劉立群認為標語有其時代背景與階段性，他記得民國六十五年時的馬祖，軍方講求的是「獨立作戰，自力更生，堅持到底，死裡求生」要有半年存糧，孤困作戰的準備。

走過戰地政務時期，劉立群縣長期盼馬祖鄉親能體認「真情、活力、新馬祖」，他同時強調人不能忘本，畢竟沒有早期的戰地政務，就沒有今天的馬祖。標語顯露的每個片段都是馬祖珍貴的歷史，應該真實記錄下來，而且像「枕戈待旦」、「事在人為，人定勝天」這樣的標語，今日用在為學做人上也有很深的涵意。

「不能中了彩票，就丟了扁擔」劉立群引用國父說的話「新解」標語。

建造山隴「馬祖冷凍廠」，以示「效忠總統」

民國四十九年四月，台海危機再起，中共想趁海峽季風之後，於六月至八月之間進犯烏坵及東引兩個離島，如果美國不介入這項戰爭，則進一步進攻馬祖。五月初，蔣中正蒞臨馬祖，巡視各島防務，向馬祖指揮官面授機宜，作迎擊準備……。
〈註〉資料來源《馬祖列島記》

就在這年的雙十節，戍守馬祖的鐵軍部隊鐵光一營二連建造了位於馬祖南竿山隴的馬祖冷凍廠，以示「效忠總統」。

同年十月，陸軍第八一師工兵贏暨二四二團第四連、第五連官兵建造完成了梅石中正堂，當時是馬祖最大的禮堂，司令官田樹樟恭題：「謹獻此堂為我國民革命之父總統蔣公壽　馬祖全體軍民敬獻」

當年高唱領袖萬歲歌：「唯我領袖，神武英明……唯我領袖，反共抗俄，百折不回……領袖是民族的長城，領袖是國家的救星，願我領袖萬歲無疆……」；領袖歌：「蔣公總統，今日救星，我們跟他前進，前進，復興！復興！」；領袖萬歲：「……人人需要領袖，我們要在你勝利的旗幟底下，打倒朱毛，驅逐俄寇！把國家民族拯救。領袖萬歲，我們永遠跟你走！」革命軍人五大信念：主義、領袖、國家、責任、榮譽，在當時「領袖」似乎排第一。

將近四十年後，馬祖冷凍廠已英雄無用武之地，樓頂留下「效忠總統」四個大字，二樓重新裝潢改成「老船長KTV」。今日馬祖官兵愛唱什麼？

「建設三民主義模範縣」變成「山隴境白馬尊王廟」

連江縣政府前，山隴的商店街屋二○三號巷旁，白底紅字寫著「山隴境白馬尊王廟」，一年前同一面牆寫得卻是「建設三民主義模範縣」。

不免好奇，「白馬尊王」是何方神聖？有此本事將「三民主義」這革命軍人的神聖信仰取而代之。

白馬尊王就是開閩聖王—王審之〈西元八六二至九二五年〉。唐末災荒連年，中原遍地烽煙，王審之成為地方領袖，建立了五代十國中的閩國。他大興文教事業，鼓勵工商貿易，並發展海洋事業。由中原投奔王審之者眾，人稱十八姓隨王。

王審之在位二十九。死後，閩北、閩東居民都建廟祭祀這位福建漢人的拓荒領袖，由於王審之喜歡騎白色的馬，便尊稱他為「白馬尊王」。

一千年後的連江縣馬祖，施行戰地政務三十六年要建設成三民主義的模範縣。解嚴後南竿山隴鄉民決定從心所好，可能還是覺得白馬尊王比較親切，因此塗掉三民主義模範縣，漆上「山隴境白馬尊王廟」，以彰顯白馬尊王的威名。

北竿鄉芹壁

　　芹壁是馬祖北竿的小村落。花崗岩石屋依山面海而建，處處可聞海潮聲。據說有位大陸女孩嫁到馬祖，有天她到北竿芹壁村，看到牆上寫著「解救大陸同胞」，她不解地問身邊的人：「為什麼要『解救大陸同胞』？」

　　芹壁村民宅牆上的標語，層次分明。村子入口處的「消滅朱毛漢奸」，隔幾步路小巷口是「檢肅匪諜」。蜿蜒村子一路還有「爭取最後勝利」、「軍民合作」、「光復大陸」、「解救大陸同胞」，左邊是美麗的海，右邊經過的是樸素石屋，最後的「蔣總統萬歲」讓人莞爾。

　　芹壁村典型的標語呈長方形，像是春聯一樣，貼在屋旁人人會經過且看到的角落，高低位置適中，而且水泥雕塑的標語，日久同石屋的顏色打成一片。

　　「好像現在的廣告！」世居芹壁村，民國十一年生的陳則浩，形容村裡的標語是在廣告自己這邊如何的好，宣揚那邊怎樣的壞。他記憶中村裡的標語是在馬祖實施戰地政務，戰地政務工作大隊到馬祖後，於民國四十五年至四十七年間完成的。

　　當時政工大隊每村落派一員軍官當副村長，再由副村長指導民防隊出公差配合部隊一

起做標語。標語內容由軍方決定，製作過程大約是先做出標語模型，再將水泥和在模型上蓋到牆壁，最後用刀刻畫出標語內容。選用水泥，是因為水泥不怕日曬雨淋，只要重新塗上油漆就可歷久彌新。

　　有人覺得標語已經成為村子的特色，應予保留，也有人覺得不合時宜的標語，應予破壞剷除。北竿其它村落如塘岐、坂里、橋仔的標語，許多均已遭破壞。幸運的是芹壁村的標語，日日伴隨海潮聲，靜默見證馬祖的「軍管時期」，成為「時代寫照」。

北竿鄉塘岐

　　由短坡山俯瞰塘岐，機場旁的塘岐村屋宇密佈，街市井然。民國八十三年一月北竿機場開航，北竿人寄予厚望，希望機場帶動經濟繁榮，加速地方建設。目前塘岐街上有三家旅社及軍方的迎賓館，也有數家餐館。可是今日塘岐街道卻出奇的冷清，店家紛紛抱怨生意難做。

　　國際相館已在塘岐街上開業超過三十年，老闆陳崇福回憶民國六十五年左右，北竿將近有一萬名阿兵哥，一到假日生意爆滿，還希望阿兵哥慢點進門，忙得沒時間吃飯。民國

七十五年後生意漸差，如今阿兵哥不到二千人生意也跌入谷底，天天是莒光日〈莒光日官兵不得外出〉。

　　國際相館的透明門窗張貼著許多的軍人擺出「毋忘影中人」或「雄壯威武」標準姿勢的相片，其中最大一張是北高指揮部幹訓班士官隊結訓時，出外景在迎賓館內蔣公畫像前拍攝留念，兩旁還有「以國家興亡為己任，置個人死生於度外」的標語。陳崇福笑說，解嚴前在馬祖拍外景得遵守「照點不照面」的原則，景深、鏡頭都有限制，不能用廣角鏡頭，一定得用50mm的標準鏡頭。而為了營造戰地氣息，還特別將標語寫入攝影棚內的背景布幕。國際相館裡有一張以「大道機場」標語城牆─「還我河山」、「軍民一家」、「守時、守分、守法」為背景的老布幕。透過布幕，拆掉的城牆勾起許多塘岐人的記憶。

　　民國七十四年時孫晉珉師長，要照像兵拍北竿的各種風景，說是要找出「觀光點」，當時陳崇福覺得不可思議，如今想來孫晉珉師長很有遠見，當時就想到要「建設北竿」、「美化北竿」。「美麗的山，美麗的水，美麗的人心，美麗的北竿島，北竿最美麗，我愛美麗的北竿。」孫晉珉師長寫的「北竿頌」刻在標語牆至今仍立於塘岐街上。

　　寒風刺骨的清晨，一群阿兵哥奮力地跑過北竿塘岐運動場上「精誠團結、同仇敵愾、聞雞起舞、枕戈待旦」的大標語牆，引人注目。近來許多人也發現寫著「杜絕讒言、反躬

自省；變化氣質、提昇形象」，手掌般大小的紙片貼在塘岐軍郵局的提款機上。北高指揮部政戰主任沈世平解釋上級單位並未要求製作此標語，但這是上級近來要求的事項〈八十七年九月初陸軍總司令以「杜絕穢言、反躬自省；變化氣質、提昇形象」為題發表談話，倡導「拒絕穢言」行動，在「忠誠報」上連續刊載一周。〉為了讓北竿官兵記得目前這階段的目標，除了早晚點名宣導外並選擇幾處大家時常會經過的地方張貼。沈世平認為標語不一定要在牆壁上寫得很大，只要是能讓大家看得到、感受得到的地方，每天看日積月累自然有印象，會產生「口頭禪」的效果，更重要的是看了後能有所體認才有用！

塘岐村的標語改頭換面

八十六年十二月二十一日，我第一次到馬祖，下飛機後在北竿塘岐街上，看到三個阿兵哥正在製作標語。

當時拍下這張照片，想記錄的是馬祖的阿兵哥的生活情狀。

隔了半年，我再到馬祖北竿，忠誠、團結、風氣、效率，已經有了嶄新風貌，在這半年中我也決定進行「金馬地區反共愛國精神標語」研究調查，仔細重新端詳去年拍的照片，發現阿兵哥不只是製作標語，而是為標語「改頭換面」。

原來的標語寫的是什麼？引起了我的興趣，但我去問誰呢？誰會去注意標語原來寫的是什麼？又改成了什麼？

後來我在八十六年六月十日發行的《馬祖通訊》裡看到了原來標語很不一樣的「倩影」—「我們的決心：獨立作戰，自力更生，堅持到底，死裡求生」。

標語就是這樣子，很有效率地，跟著時代跑。

圖說：北竿塘岐村的標語牆原來寫的是「我們的決心：獨立作戰，自力更生，堅持到底，死裡求生」，民國八十六年底應當時參謀總長羅本立的要求改成「忠誠、團結、風氣、效率」。馬祖地區許多處地方的標語就是因此在八十六年底、八十七年初之間，紛紛改頭換面。目前「忠誠、團結、風氣、效率」取代「我們的決心：獨立作戰，自力更生，堅持到底，死裡求生」成為馬祖最常看到的標語。

北竿塘岐村「三民主義統一中國」超級大牆

「三民主義統一中國」這標語目前在馬祖各島普遍存在，特色是大而醒目。

北竿塘岐村就有一面「三民主義統一中國」超級大牆，立在大馬路邊，由塘岐通往北竿各村落，想不瞥見它一眼也很難，許多北竿村民一日看數回。

在民國五十八年「三民主義統一中國」曾是「中華民國軍人忠貞信條」第一條：「我是中華民國軍人，決心為反共復國，拯救大陸同胞，實現以三民主義統一中國而奮鬥到底，作為一個堂堂正正的革命軍人。」。

民國六十八年，中美斷交，政府「以三民主義統一中國」為號召，強調三民主義的優越性為中國統一最佳途徑。此後政府對中共軍事反攻的政策緩和，面對中共提出「三通四流」、「葉九條」、「鄧六條」、「一國兩制」等各項和平統一政策，政府一概以「三民主義統一中國」相抗衡，並堅持不接觸、不談判、不妥協的「三不政策」，積極對大陸展開和平攻勢。

民國八十七年七月二十二日，召開國統會，李登輝總統提出民主統一新宣示，盼兩岸在分治中國的現實基礎上，協商並簽署兩岸和平協定。這是在美國總統柯林頓訪問大陸並宣示「新三不」之後，李總統首次的正式回應。

五天後李總統在國民大會提出國情報告指出，兩岸問題本質是制度的競賽，兩岸分治事實須加以尊重，並強調堅拒一國兩制。同日，中共發表國防白皮書，強調絕不承諾放棄使用武力，堅持以「和平統一、一國兩制」解決臺灣問題。

看來，三民主義統一中國vs.一國兩制有些像是雞同鴨講。

附記：新三不——不支持台獨，不支持一中一台或兩個中國，不支持臺灣加入以主權國家為單位的國際組織。

北竿鄉橋仔

　　位於壁山山腳下的橋仔村是馬祖北竿最北的村落，依山面海。典雅的屋子、老樹及菜園，景致靈動。民國三十八年之前它與大陸往來密切，也曾是北竿人口最多的村落，如今只剩十二戶。很特別的是其中有一戶民國八十五年時由大陸「搬回來」，另一戶則協助國軍運補四十多年。

　　民國三十八年六月，二十二歲的橋仔人王英城，如往常般到大陸梅花鎮採購漁具，一到梅花鎮，就遇上馬祖跟大陸沿海「封鎖」。當時二十歲的陳水蓮跟著先生王英城一道

北竿橋仔的「還我河山」門聯

「反攻的時候到了，動員的號角響了，響應領袖的號召，服從領袖的領導，莫忘記四萬萬同胞在鐵幕裡煎熬⋯⋯軍民大團結，全國總動員⋯⋯驅逐俄寇，消滅強暴，把中華河山再造。」民國十八年生的大坵人陳金官，還記得「反共抗俄總動員」〈馬祖民防隊歌〉這麼開頭。

世居大坵打魚種菜的陳金官捨不得離開大坵，是在民國八十年最後一戶遷離大坵的人家。十二年前，他親手打造了六艘傳統福州木船，只因為覺得現的船很難看，想留下以前船的樣子給子孫看。

我在他租住的橋仔家裡，發現張有趣的榮譽狀，「陳金官同志參加本黨滿三十年，忠黨愛國，奉行三民主義，熱心服務民眾始終不渝。茲逢建黨一百晉二週年，特贈榮譽狀藉表敬忱。」

想到陳金官租住屋子旁的門聯寫著「還我河山」，請他拿著榮譽狀合照一張，一時覺得時空錯亂。

七十歲的陳金官，現時每天早上帶瓶維士比，兩塊麵包或餅乾，走到橋仔村裡廟前吹海風，喝醉了睡一覺，醒來步行回家吃中餐。過著十足老百姓的平常生活，只是心中常惦著大坵島上的老家⋯⋯。

圖說：大坵人陳金官七十歲，參加國民黨滿三十年時獲頒「忠黨愛國」榮譽狀。圖為陳金官與榮譽狀合影於北竿橋仔村住處「還我河山」門聯前。

去，從此他們跟橋仔的親人一別四十五年，一直到民國八十三年才有機會回橋仔探親，可是父母親戚多已不在，但他們還是決定要克服一切困難搬回朝思暮想的「故鄉」橋仔。

「以前媽媽在大陸整天哭，想念外公外婆，想念舅舅阿姨……，」陳水蓮的兒子王松官說，「有一年八十二歲的阿姨到大陸看媽媽，兩個人抱著哭了幾個鐘頭。」民國八十五年七十一歲王英城終於如願「舉家」搬回橋仔定居。「還是老家好！」王英城感嘆地說，「年紀大了就想回來，回來時看到久別重逢的親戚朋友感覺真好。」他回憶橋仔在民國三十五年時好熱鬧，有上百戶人家，百分之八十由常樂梅花鎮過來。當時橋仔有四十九艘搖櫓的漁船〈塘岐才三十六艘〉，以捕蝦皮為主，蝦皮豐收時多達二十簍，而橋仔當時路小，兩個人抬魚簍子常常摩肩擦踵才過得去。

如今王英城一家老小在橋仔租屋，屋子的對面就刻著「復興民族文化」標語。由於人多屋小，洗衣服得在屋外，王英城十一歲的孫女王如晴就覺得大陸住的地方比較好，不知道大人為什麼會來這裡。王松官的太太還在大陸，一年只能在橋仔居住半年，他同弟弟的五個小孩全賴陳水蓮照料。對於目前的生活王英城沒什麼抱怨只是希望能有艘船可以在附近撒網捕魚。

王英城一家的境遇讓人感慨萬千，但是橋仔當年不只一戶人家發生這樣的情形。也有大陸人來橋仔做生意卻「來不及回去」。

根據最新的報導近年大陸福建沿海市鎮迅速發展，橋仔正前方的黃岐鎮正在炸山填海造鎮，在橋仔就可聽到爆破聲，甚至看到塵土揚起。

橋仔平平靜靜。當年政務大隊在村子牆上寫下「實行三民主義」、「加強地方建設」

的標語，如今卻人去樓空。三十五年時百戶人家的喧鬧，如今高低錯落遠看如畫的屋子，沈寂在海潮聲中。

現在橋仔碼頭最熱鬧的時刻是「忠誠號」往高登、亮島的運補。忠誠號的「船老大」曹百達今年六十六歲，從民國四十四年五月一日開始運補工作，他回憶當時北竿有漁船的人家得輪流協助國軍運補高登，當時的木頭帆船，得靠四個人划槳，要等風勢及配合潮水流向。一次運補載五、六十個阿兵哥，軍方還會派槍兵「押船」，免得船開到大陸。曹百達當時與中士領的薪餉一樣多，除了軍服外，米糧、罐頭、油等什麼都領過。

民國四十八年時政府補助馬達，來回高登時間縮短成兩小時。民國五十四年國軍戍守亮島後加入亮島的航程。四十多年的運補工作曹百達印象最深的是八二三砲戰時船開往高登途中，砲打到船邊。還有一次馬達壞掉，差點漂流過界被轟炸掉。而最艱難的任務則是半夜開船到亮島載病患。

早上一起床就到海邊看風浪已經成了他的習慣。曹百達的船載過阿兵哥無數，也載過羅本立、陳廷寵、程邦治等許多的將軍，更載過蔣經國總統與李登輝總統。人家說曹百達名字取得好「到哪裡都可以到達」。如今他的小兒子曹忠義在橋仔當兵也加入「船舶隊」運補行列。

莒光鄉西莒

由南竿搭船前往西莒，船近青帆港時，遠遠就可望見山壁上「毋忘在莒」四個大字。莒光鄉舊名白肯、白犬。民國六十年十月十五日將白犬鄉更名爲莒光鄉，寓意「毋忘在莒」。「閩江口的兩條忠狗」東、西犬，變成「現代的莒城」東、西莒。

夏天吹南風的時候，船舶得停靠在「茱浦沃」。據阿兵哥形容由茱浦沃登岸，首先看到一片光禿禿孤絕的山壁，荒涼景色，山壁下又寫著肅殺的標語「同島一命，奮戰到底」，不禁心中悲涼。待爬上斜坡，到了有著蔣公銅像的圓環，一望還有民家，才稍感安慰。

青帆港山壁上的「毋忘在莒」標語，原來寫的是「效忠總統」。「衛我山河憑陣固，殲彼匪寇賴民和」刻在西莒的防空洞前，鄉公所前司令臺寫著「金城湯池雄鎮閩海，枕戈待旦誓復中華」，西莒還有「武士嶺」與「壯士居」。

菜浦沃據點

　　形勢險峻，建在整片岩石上的菜浦沃據點，民國八十六年農曆過年前開始規畫成「觀光」據點。原本岩石嶙峋、粗曠天成的據點，在水泥的加工下，戰鬥風味頓失。菜浦沃據點是黃國維下部隊的第一個據點，下部隊前他到鹿港天后宮抽籤，籤文描寫海邊有一朵花，那朵花誰都採不到，只有你採得到。他看了籤文心裡猜著那是什麼樣的花呢？「每月大潮時，海浪衝過懸崖，菜浦沃就像『雪花冰』，美得讓人想吃下去。」到了菜浦沃據點黃國維才恍然大悟原來他摘到的是菜浦沃懸崖旁的「海浪花」兒。志願輪調莒光的中尉黃國維，已經在島上超過二年，又志願留下。

田沃村小廟

八十五年時黃國維在西莒某單位擔任輔導長,五月時來了個阿兵哥吳信模。吳信模剛到部隊時身體不好,黃國維聽說田沃村裡的天后宮很靈會保佑阿兵哥,便帶著吳信模前去求媽祖保佑平安。後來吳信模適應了部隊生活,身體也變好了。喜愛做模型的吳信模組合了一輛賓士車送給媽祖。八十七年六月黃國維要離開西莒到東莒時也打了塊金牌還願。天后宮裡的牆壁掛滿阿兵哥感謝媽祖「佑我平安」的紀念物品。

有趣的是天后宮旁有座水泥砌的小廟,門聯刻著「奸匪竊國鬼神難安,驚濤駭浪幸得自由」。田沃村民陳金俊說最早神像飄過來時,被海防的阿兵哥撿到簡單蓋了廟。由於媽祖很威神,所以陳金俊五兄弟於民國七十二年時集資重建天后宮。天后宮的碑誌寫著:「民國三十八年間,奸匪竊據大陸,摧毀中華文化,燬除寺廟,逆天背理,罪大惡極,神人共憤。聖母不甘共匪禍國殃民,於辛丑年〈民國五十年〉八月衝出鐵幕,受盡危艱,借其祇神,漂流斯島……。」

西莒青帆港高高在上的標語，是怎麼「寫」上去的？

在一張拍攝於民國四十一年四月一日的老照片上西莒青帆港的中正門旁寫著：「打倒蘇俄鬼子，活捉朱毛漢奸」。今日青帆港中正門上的標語則是「忠誠、團結、風氣、效率」。

「以前的人有辦法在石頭牆上刻標語，我們應當也有辦法完成任務。」民國八十六年西莒港口連輔導長黃國維接獲任務，要在青帆港的中正門牆上寫上「忠誠、團結、風氣、效率」，他想雖然沒做過標語，但一定可以克服困難完成任務。

黃國維同他連上的弟兄研究出「新式標語製作法」，首先將寫好的字體放大投影做出需要的字體大小，其次提出中正門的水平，並訂出各字體的相關位置，再以粉筆在牆上描繪字體，最後漆上油漆便大功告成。

由於青帆港地勢低窪，大漲潮時潮水會蓋過中正門屋簷，去年八月製作中正門上的標語是利用退潮時搭了六層鷹架，才克服高度問題。

除了自己摸索嘗試，「不懂便請教別人」，如今黃國維回想起去年花了十天完成的「公差」，覺得「從不懂到懂」很有

成就感，也算身體力行了「忠誠、團結、風氣、效率」標語所揭櫫的精神。

如今亮麗醒目的標語高高矗立在青帆港中正門上，提醒著西莒所有官兵念茲在茲，時時奉行。

圖說：西莒青帆港中正門上的標語，由駐守青帆港的港口連官兵，同心協力，花了十天時間完成於八十六年八月。

莒光鄉東莒

　　「今天的東莒，馬路好了，交通船有了，連直昇機場都蓋好了，可是人都搬光了。」在東莒福正村當了四十年村長的曹祥安感慨萬千。六十八歲的曹祥安坐在老屋前石階曬太陽，石階旁石縫裡的小菊花盛放。福正村中的老屋子多已空無人居，小菊花每年依舊花開燦爛。

　　福正村位於東莒燈塔下方，村前的海灣有一片美麗的沙灘，沙灘旁的白馬王廟原有阿

兵哥駐守，阿兵哥的崗哨就貼在廟旁，小小白馬王廟內除了供奉白馬尊王，另一半是阿兵哥的據點，人神共居於一室，民國八十五年九月初因兵源減少而裁撤掉。福正村的天上聖母廟重建於民國七十二年，由島上工兵協建。民國七十四年完工時指揮官雷啓英寫贈的對聯「國仇家恨誰不知消滅共匪定千秋，親恩兄義一身殉感動人心傳百世」刻在柱子上。

　　戰地政務時期福正村每年定期兩次自衛隊訓練。曹祥安記得民國六十二年時，福正村的婦女隊加民防隊還有七十八人，剛好組成一個連還有隊旗，帶出去很威風。民國四十七年至六十七年，村民白天打靶，幫部隊搶灘，晚上要站衛兵，五十三年至五十六年每天晚上還要讀兩小時的補習班，加強「三民主義」、「國民生活」等教育。曹祥安說雖然村民生活辛苦，可是整個福正村住了滿多人感覺滿好。現在還住在福正村的居民只剩下二十六人。

　　大埔村更是荒涼。通往大埔港兩旁的屋子因久無人居全都敗壞了。七十三歲的曹杏弟趁著天氣好由大坪村回大埔的老家將門窗打開讓屋子透透氣〈二樓窗戶有副對聯「喜逢新歲月，收拾舊河山」〉。他說大埔村以前有四十多戶人家，從民國六十年左右開始搬走，現在沒人了。目前大埔港附近大陸漁船活動頻繁。

　　東莒守軍曾經有二千六百人，如今據說只剩四百多人。沿著東莒戰備道，二處廢據點分別刻著：一顆心效忠領袖，一條命確保馬祖；沈著勇敢誓與陣地共存亡，砥礪忠貞發揚革命精神。廢棄的哨所在荒煙蔓草間，雄壯威武的標語，有說不出的寥落。東莒燈塔的五四據點彈藥庫刻著「生死榮辱與共，吃喝拉睡一起」，讓人難忘。

從反共救國軍的「忠義剽悍」到東引守備旅的「快樂東引兵」東引守軍的精神因應時宜。

東引鄉東引

東引原名「東湧」，民國四十四年十一月反共救國軍進駐，因島上燈塔建於東方，引導往來船隻，寓言：「指引我軍，早日直搗黃龍，收復河山。」因此改名東引。

由南竿福沃港到東引，約兩個小時航程。船接近東引中柱港時，即可望見「整潔、禮貌、秩序、戰鬥」、「毋忘在莒」、「三民主義統一中國」的標語牆，連結成一條白色腰帶，橫掛在依地勢建築的中柳、樂華村左側。由於中柳、樂華村村屋多經改建翻修，只剩一戶人家牆上寫著：「軍民一家，互敬互愛」。

忠誠門的反攻復國雕像是進入東引的門面，建於民國六十三年八月。「崇法務實，勤勞儉樸」是忠誠門上最新的標語，東引的東海照相館老闆常至忠誠門出外景拍照，他說忠誠門的標語兩年就換一次，以前是「消滅共匪，光復大陸」。忠誠門旁的天后宮柱子寫著：「鎮海屠鯨消滅朱毛漢奸，長風破浪光復華夏神州」。東引的標語另一特色是將精神標語刻在大石頭上，「固若金湯」、「其介如石」、「中流砥柱」集中於中柱堤一帶。中柱堤移石填海，連接東西引，本身就是事在人為，人定勝天活生生的精神鼓勵。

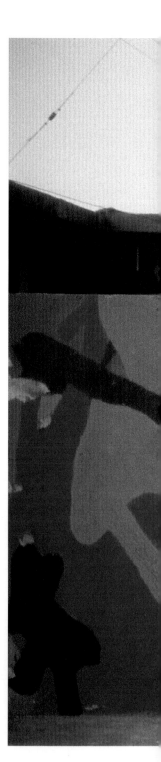

島上隨處可見「忠義剽悍」四字。「當時忙著打仗，哪有想到要寫標語，」住在東引戰鬥獅子村的反共救國軍老兵潘隆慶說。民國十七年生的潘隆慶於民國四十一年在烏坵參加反共救國軍突擊大隊，曾突擊南日島及東山島。民國四十三年隨南海第二大隊四百多人到東引，當時島上沒有別的阿兵哥。他說當時出任務都是抱著必死的決心，都是預備要為國犧牲，只有真的平安回來才算是活著回來。民國五十二年反共救國軍成立「長風隊」，金福友參加受訓，志願挺進大陸，後來一直在東引兩棲偵察連。二十三年次的他和潘隆慶由於境遇相似彼此像兄弟一樣親，退伍後都在戰鬥獅子村開小店。

東引的軍事據點裡最常見的標語是「我愛我據點，據點即我家」。早期興建的碉堡充滿「反共救國」的目標，小紫沃據點的一處廢哨建於民國四十五年牆上刻著：「殺共匪——你

我守碉堡，先把基地保，指日渡海去，反攻滅朱毛，重建大中華，時勢造英雄。」，碉堡旁地勢險絕，氣壯山河。北燕堡刻著「上崗就是上戰場，認真服勤即報國」的崗哨藏在荒煙蔓草間。八十七年十月一日東引反共救國軍已走入歷史，東引駐軍改成東引守備旅。旅長政戰主任非常重視弟兄精神力量的培養，出版「東引專刊」等服役指南，希望人人是「快樂東引兵」。他表示標語內容包括軍紀安全、鼓舞士氣、激勵戰志等，但應「因應時宜」，例如救國軍時期的東湧日報為「宣揚救國軍威，作反共先鋒」，如今改成文宣集訓隊，成為東引弟兄文藝創作的園地，但是它「振奮軍心士氣，培養精神戰力」的精神宗旨仍不變。

忠義驃悍

「忠義驃悍」是東引極特殊的標語，似乎只有東引那「氣壯山河」的
形勢才能與它匹配。

民國三十八年大陸淪陷後，蔣中正總統於民國四十年九月派胡宗南
將軍赴大陳島整編江浙、閩、粵東南沿海各反共游擊部隊，並賜名「反
共救國軍」。民國四十四年十一月，反共救國軍戍守東引至今。「忠義
驃悍」是反共救國軍的精神標竿。

「忠義驃悍」石碑矗立在東指部隊史館旁，是于豪章將軍於民國五十
九年一月一日在總司令任內所題，並作：「忠肝如鐵石，義膽干雲天，
驃旗耀中原，悍氣壯山河」。下方石片刻著「反共救國軍忠義驃悍詞」：
誰是反共的先鋒隊，我們是救國的突擊軍。
我們有高昂的士氣，我們有鋼鐵的紀律，我們有熟練的戰技。
忠肝如鐵石，義膽干雲天，驃勇強悍，壯懷激烈。
發揚忠義驃悍精神！發揚忠義驃悍精神！

西引島「事在人為，人定勝天」

在外島，常常憑著意志力量，一股氣，發揮愚公移山精神，移山填海完成許多「不可能的任務」。

例如：連接東引、西引間的連堤及中柱港工程。中柱島為東、西引間的一座小島礁，民國六十五年國軍以中柱島為天然橋墩，建造「介石橋」長堤，連接東、西引。

蔣經國先生歷次蒞東引巡視時，屢次指示：東西兩島應予連接，並建深水港。國防部因此開始策畫東西引之連堤及建港事宜。民國七十四年七月開始籌備連接東、西引島工程，期間賴官兵移山填海，胼手胝足，克服萬難，於民國七十八年八月東西引之連堤及建港工程同時完工。時任參謀總長的郝柏村命名為「中柱港」，寓中流砥柱之意。

在西引島上岩壁石刻「事在人為，人定勝天」鮮紅大字，以為官兵移山填海，胼手胝足，克服萬難，完成不可能的任務之寫照與勉勵。

亮島

　　四十二年前，李承山受反共救國軍總指揮官胡璉將軍之命以「東湧」〈今東引〉為基地，率突擊兵六名，利用暗夜乘突擊艇，潛渡至「浪島」〈今亮島〉。他們此次的任務是在浪島的最高點，插上一面青天白日滿地紅的大國旗，並在島上至少要停留十二小時。李承山回憶當年在黑夜中摸索登陸地點，攀絕壁而上，僅穿一條紅短褲，上岸時被芒草割得又痛又癢也不敢出聲。搜索後找到一處制高點，以幾塊大石頭將國旗插牢。天亮後的浪島滿目荒涼，恐怖的氣氛讓他至今難忘。李承山安返東湧後，胡璉將軍當面嘉獎並問大家知不知道在浪島插國旗的意義？見沒有人回答，胡璉將軍微笑著說：「這是精神佔領。」

　　亮島原名浪島，位於馬祖北竿與東引之間，民國五十四年之前，偶有漁民夏季至此定居，入秋後遷移。國軍為維護臺馬航線安全，於民國五十四年三月十五日進駐部隊，從此浪島變成亮島，有著「亮照大陸，島立天中」的意思。

　　目前亮島仍是「二級戰區」，是很純粹軍事景觀、戰地氣氛濃厚的地方。海中孤島〈長約一千四百公尺、寬二百五十公尺，最窄處五十公尺〉，八、九十個阿兵哥在島上怎麼生活呢？島上除了軍事訓練、構工，最常出的公差就是搬運運補物資。今年夏天搬運五千多箱的礦泉水，將島上的弟兄都曬昏了。放假也只能待在據點睡覺、看書、寫信或打球、唱卡拉OK。「想放假、想退伍，人在那麼遠的地方想的就是家人朋友！」一位初上島的阿兵哥說。

　　冬天風大，得彎腰頂著風才走得動的亮島，也有人形容她是「潑辣的少女」。「反共前鋒」、「登高望大陸、跨海除妖魔」、「一兵守哨，萬軍安全」、「一切為作戰、一切為勝利」，正氣凜然的亮島，如果不是軍事重地，它又會是什麼模樣呢？

亮島弟兄夠壯!

　　徐聖良連長已在亮島待了兩年,最大心得是「備料要齊全」,他解釋由於島上沒有商家,做任何一項工程,乃至於加菜,準備的東西一定要齊全,不然就無法如期完成。據徐聖良觀察,受環境因素影響,亮島官兵的關係很親密。李奇俊到亮島時剛好碰上亮島醫務所的建設,從挖基地開始,到由海邊扛砂石,到醫務所建設好全程參與。今年八月底李奇俊士官要退伍時,在亮島的碼頭對大家說:「來亮島時同梯的只有我自己一個,受士官訓時也是我自己一人,現在也是我獨自離開亮島,但是我從來不覺得恐懼。讓我懷念的是在亮島從無到有的過程。」李奇俊先下亮島到北竿待退,退伍前還有一航報,他又上亮島,幫弟兄搬搬菜,再跟大家說聲再見才離開。

　　「亮島的弟兄『夠壯』」!聚起來的力量夠大,彼此有很強烈的歸屬感,」志願上亮島的徐聖良連長說起亮島的弟兄,「感覺與有榮焉。」

高登

　　高登島是北竿的屏障，它的面積不過一·四二平方公里，距大陸不到一萬公尺。關於「水鬼」的傳說特別多。

　　前北高政戰主任王總鎮還記得民國六十四年六月十六日，他由橋仔搭「機漁船」至高登報到當輔導長，一艘船十來個人坐在船沿，還有個老士官攜槍押船，人還沒上高登島，全身已被浪打得濕透了。當年馬防部有一單行法，已婚者一百天可返台休假，未婚者一上島便待到部隊移防，因此在高登待了一年多，由於冬天浪大運補困難，曾經吃上一個多月

的罐頭，島上缺乏青菜，因此發明「孵豆芽」，在溫暖的坑道孵綠豆芽。

　　每天上、下午帶根棍子〈防被狗追〉巡視七、八個據點，天氣好時北面大陸河山〈北茭半島〉在望，年輕的他胸懷壯志，很想光復河山。讓王總鎮印象最深刻的是六十四年九、十月份間連續兩次水鬼上岸。當時高登有個「鐵尖據點」，水鬼上來把廚房翻得一塌糊塗，還寫上：「高登弟兄們，死期近了；高登弟兄們，你們的親人在大陸。」營長因此親自到鐵尖據點駐點二星期。小小離島特別容易體會「生死與共」、「同島一命」，凝聚的感情特別深刻。

　　高登輔導長陳俊男跟王總鎮一樣都是政戰學校一畢業就到高登報到。陳俊男記得民他是國八十六年農曆過年前到高登，一上島就聽說某據點裡有「人頭階梯」。據說以前該據點弟兄被「摸哨」，人頭被割下擺在據點的階梯上，據點裡還以血寫上「衛哨失職，該死！」，從此無人再敢踏上階梯一步。

　　高登也有「活捉水鬼」的事蹟。民國四十三年十一月二十日凌晨，戰士汪喜田接夜哨兵後不久，發現中共水鬼來摸哨，當時汪喜田與水鬼搏鬥，身負重傷仍抱著水鬼不放。這是金馬國軍首次生擒中共水鬼，高登駐軍為紀念此「活捉水鬼」事蹟，還在事件發生附近的石壁上刻字：「汪喜田在此，群鬼迴避！」

八十六年五月高登島弟兄爲了僞裝工事從臺灣帶回很多模特兒，再製作成假阿兵哥立在海邊廢棄的碉堡或哨所。陳俊男說現在的高登滿平靜的，從前老舊偏遠的的鐵尖據點，在民國八十五年時，由高登的弟兄一袋一袋扛著水泥走三公里的山路，經過一年的建設，已經成爲嶄新的據點，據點內都舖上磁磚。「人頭階梯」的據點也在今年三月暫時封閉。

　　高登碼頭寫著「固守高登，屛衛台海」及「獨立作戰，自力更生」的標語。每次有人要退伍了，碼頭城牆上站滿搖國旗的弟兄，當船經過高登島其他據點時，留守在據點的弟兄，也在山上揮舞國旗相送。「想走時走不了，眞的要退伍時又捨不得走！」是很多「高登鐵漢」在高登「同島一命」當過兵的心情。

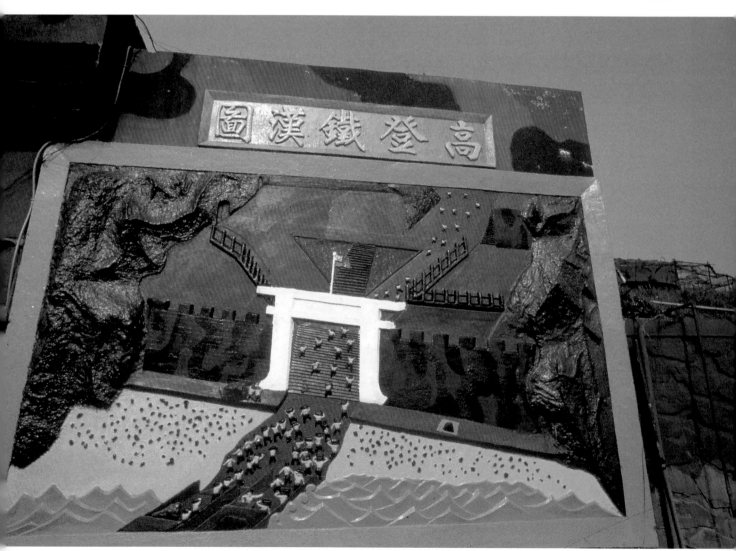

大坵

民國五十九年，大坵島上曾有居民四十五戶，二百八十人，是一處生氣旺盛的小漁村，設有大坵分校及村公所。自民國七十九年四月七日下午，大坵居民陳金官一家人，舉家遷移對岸的橋仔村，大坵同高登、亮島一樣成為只有阿兵哥的島。民國八十七年八月十五日，北高指揮部駐守大坵的加強排撤離，大坵成為沒有人煙的荒島。

大坵位於馬祖北竿橋仔村右方，是個面積不及一平方公里的小小島。由橋仔村到大坵島得靠小船接駁。阿兵哥形容大坵是「鳥不拉屎、雞不生蛋」、「地無三『尺』平」的地方，但大坵碼頭立著迎接人的卻是「海角樂園」四個大字。

船近大坵岸礁時，已有四位阿兵哥在等候接駁，因為大坵的碼頭，只是塊有階梯的大礁石。順著階梯往上走，「枕戈待旦」、「忠誠、團結、風氣、效率」代表馬祖一新一舊典型的標語一前一後，分立左右。

島上左側順勢而築一棟棟石砌民房，皆人去樓空，但牆上的標語鮮明。「消滅朱毛漢奸」、「光復大陸」、「實行三民主義」、「效忠領袖」、「軍民合作」等仍保留完好。阿兵哥居住的大坵堡則寫著「大坵勇士」，「毋恃敵之不來，恃吾有以待之」，「敢戰、樂戰、能戰、善戰」。

民國五十四年，島上官兵夙夜匪懈所興建的大坵學校，早已荒廢，教室裡養著雞、鴨、鴿等。小小的大坵島上，曾經存在著大坵農場，農場已開闢出六十多畦地，耕地總面積達一公頃，所種蔬果種類十六種以上，儼然自成有機世界。大坵島上末代小指揮官顏嘉良排長，身兼農場指導員，他認為經營大坵農場有二層意義：「一 運補不足時，自種菜蔬可自給自足。二、培養島上弟兄平日空閒時之『休閒』方式。」島上曾因颱風，風浪太大，四天無法運補的記錄，所以大坵島上「好菜」的標準是：一顆或幾顆便能供應大家一餐的蔬菜。甘薯葉及地下根皆可食，調理方法又多，十分適合離島民生應變、救急之用。

大坵撤軍後，「島孤人不孤」的水泥柱，還一柱擎天地聳立在島上。堅固的大坵堡印證了俗話「鐵打的營房，流水的兵」。許多人關注撤軍後大坵是否會被大陸漁民佔領？北高指揮部表示目前每星期至少有兩天派兵到大坵實施搜索及環境衛生工作，尚未發現大陸漁民登陸進駐。馬祖地方各界對大坵未來的命運十分關切，大家都不願意因部隊撤離而讓大坵島荒廢。

標語是誰製作的？

製作標語的要領、時機與方法

　　金馬地區許多標語製作精美大方，看起來像出自專業人士的手筆，當年是不是有專門負責製作標語的人員？原以為是村民自己製作的，到村落裡請教五十歲以上的百姓才知道是早年部隊曾經駐守村落，阿兵哥便在駐守的民宅牆上刻起標語。

　　「沙美，現在的道路是四十年前阿兵哥吃飯的草地」，五十四歲的吳維能指著沙美鎮上一棟「蕃仔樓」，民國三十七年時師部就駐守在蕃仔樓。他回憶：「鎮上許多民房都住著阿兵哥，民房牆上的標語就是阿兵哥刻給自己看的，八二三砲戰，打倒了許多刻有標語的牆。阿兵哥也搬入碉堡了。」

　　「連隊是戰鬥的基本單位，也是對敵心戰的尖兵，為執行『三分軍事，七分政治』的作戰指導原則。連隊心戰工作，應為全體官兵共同的責任。」根據民國七十九年五月陸軍總部印頒的《陸軍部隊心理作戰訓練教材》，標語製作的要領是：簡單容易，人人能做；就地取材，因時制宜；適應環境，新奇悅目。時機：一、部隊進入宿營或集結地區時。二、部隊攻佔城鎮鄉村後。三、部隊在行進、休息或執行其他任務時。四、部隊在轉進及行逐次抵抗時。

　　方法：一、在磚牆、木板牆、水泥牆上——可用細煤、木炭、紅土、石灰、黑機油或油漆等材料，用掃帚、棕刷、草或布捆成筆狀為工具，或粉筆書寫。二、在粉牆及土牆上——可用刺刀或十字鎬刻畫。三、樹幹或電線桿上——可用刺刀刻畫。四、在水泥道上或路旁——可用十字鎬或樹枝刻畫，或用碎石堆砌，灰沙散佈。五、以固定大型氣球及形象〈紀念碑、坊、人像〉等張貼或以布質書寫。

標語有哪些類別？

標語屬於國軍無形戰力的培養。以革命軍人五大信念—主義、領袖、國家、責任、榮譽——爲根源，以戰鬥精神及戰鬥技術的培養爲要目。並隨著時代局勢變遷而轉變。以下是典型的標語由來：

一、戰鬥精神的培養：

    1.提高敵愾心：毋忘在莒、枕戈待旦、聞雞起舞、同仇敵愾、反共抗俄、毀共滅俄、雪恥復國……。

    2.加強思想戰：三民主義統一中國；實踐三民主義、光復大陸國土、復興民族文化、堅守民主陣容……。

    3.建立榮譽感：同生死共患難；徹底完成任務、誓死完成任務；打第一仗、立第一功；永不低頭、忠義驃悍……。

    4.堅定必勝信念：反共必勝、事在人爲、人定勝天、中興在望、百戰百勝、確保馬祖十大勝利保證……。

    5.嚴肅戰場紀律：新速實簡；軍令如山、軍紀似鐵；忠誠、團結、風氣、效率……。

二、戰鬥技術的培養：

    1.強調獨立戰：獨立作戰、自力更生、自立自強……。

    2.嚴練近戰：精粹勁練、勇猛頑強；爲苦怕難莫入此門、習文練武由此開始…。

    3.發揚火力戰：發揚戰力在地上……。

    4.發揮總體戰：軍民一家、軍政一體、群策群力、團結第一、互助合作……。

    5.村落守備：同島一命、軍民團結、敬軍愛民、加強地方建設、建設金門……。

標語爲什麼在民宅牆上？

一鞏固心防，掌握軍心、安定民心

民國三十八年十月十七日，廈門淪陷，國軍主力集結金門。十月二十五日，共軍大舉進犯金門，引發古寧頭戰役。司令官胡璉提出「人人納入組織，個個都能戰鬥」口號，促使全島「軍民一家」加強戰備。

黃維蘭，八十歲，家住金沙鎮後浦頭五十九號，他家大門正對著前面人家的一面牆上就寫著「消滅朱毛漢奸」，可以說每天開門見標語，他記憶裡這幾個字從民國三十八年國軍撤退至金門時，就已刻在那兒。而黃維蘭的家以前駐守的是衛生連，打仗時他還幫忙抬過血淋淋的傷兵。對於當年大廳門板變成阿兵哥床板，「一切爲國家」黃維蘭說。

標語的製作屬於心戰的一部份，心理作戰是以人類的心理爲戰場，從精神意志上去影響目標對象的心理與行爲，以獲得軍事行動乘積之效果。它的目的在鞏固我方意志與信念，使我軍民確知戰爭的意義及目標，以豎立起必勝信念；同時使我軍民深切瞭解敵人的罪行，藉以增強其同仇敵愾心，進而願爲求取勝利而犧牲奉獻，實現國家目標。

時代不同了

兩腳踢翻塵世浪

一肩擔盡古今愁

時代不同了

民國五十二年六月二十三日聯合報
聽說我要反攻，匪幫深感不安

民國五十四年七月十五日中央日報
大陸絕大多數人民，
渴望國軍早日反攻大陸 盛傳國軍反攻

民國八十七年十月十七日中國時報
兩岸敵意若消，明天就能三通
海峽交流基金會董事長辜振甫率團參
訪大陸，盼此行能化解兩岸僵局。

民國八十七年十月十七日中國時報
相逢一笑泯恩仇
海基會董事長辜振甫與中共總書記江澤
民相談融洽。總結參訪大陸成果「帶來
善意帶回友誼」。

兩腳踢翻塵世浪

兩岸關係與反共標語

　　標語可能來自國家的政策方針、領導人重要的談話或是部隊訓練要求。有些標語從抗戰時期沿用至今，例如「國家至上，民族至上」；而像「消滅朱毛漢奸」這樣的標語是什麼時候開始出現的？恐怕沒有人能確切說出；但是金門的「毋忘在莒」，馬祖的「枕戈待旦」的出現則清楚可查。可以肯定的是標語的出現與變化同兩岸關係有密不可分的牽連。

以下是標語的時代背景：

軍事衝突期

反攻復國ＶＳ武裝解放〈民國三十八年至民國六十九年〉

標語的黃金時代〈民國三十八年至民國四十七年〉

年代	西元	標語	備註
民國三十八年	1949	消滅朱毛漢奸	古寧頭戰役，金防部成立。中央政府遷臺；「中華人民共和國成立」，提出一九五〇年解放臺灣。
民國三十九年	1950	反攻大陸，打回大陸，解救大陸同胞，復興中華民國	蔣中正宣佈這年是「反攻大陸，收復失土」的一年。提出「一年準備、兩年反攻、三年掃蕩、五年完成」的戰略性口號。
民國四十年	1951	效忠領袖，蔣總統萬歲	國軍部隊為蔣中正總統六十五歲生日，發起獻身效忠運動。
民國四十一年	1952	毋忘在莒 反共抗俄	胡璉激勵金門居民，今年是反共搏鬥年。蔣中正指示反共抗俄總動員運動。
民國四十二年	1953	無金馬則無臺澎，有臺澎便有大陸	國軍大規模突擊東山島；陳毅提出準備以五個軍兵力解放金門。
民國四十三年	1954	軍事第一，民生優先	中美簽訂共同防禦條約；中共決議先取一江山再取大陳島。
民國四十四年	1955	確保金門、確保馬祖 一顆心效忠領袖，一條命確保馬祖	蔣中正堅決表示金馬絕不撤守。馬祖官兵簽約宣示成功成仁確保馬祖。反共救國軍戍守東引
民國四十五年	1956	軍民合作、軍政一體 戰鬥更戰鬥，進步更進步 忠義驃悍	金馬地區實施戰地政務。馬防部正式成立。
民國四十六年	1957		執政黨「八全大會」提出「反攻復國」政治綱領；中共國務院成立「和平解放臺灣工作委員會」。

〈民國四十七年至民國六十九年〉

年代	西元	標語	備註
民國四十七年	1958	枕戈待旦；支援軍事作戰 與陣地共存亡，即是與國家共存亡 雪恥復國〈沈著應戰，盡忠職守，發揮革命精神，具殲匪寇〉 島孤人不孤	蔣中正赴小金門，勉「為國家報仇雪恨，今日是打勝仗最好機會。」 政委會宣佈集合所有力量，支援軍事作戰。 八二三砲戰
民國四十八年	1959	主義、領袖、國家、責任、榮譽 鎮定沈著	國軍各級部隊開始推展以軍為家運動。教育部公佈「軍訓教育改進計畫大綱」中列入「五大信念」。
民國四十九年	1960	建設金門為三民主義模範縣	
民國五十一年	1962	保存戰力餘地下，發揚火力於地上	政府成立「反攻行動委員會」。
民國五十三年	1964	管教養衛	金門部隊發起毋忘在莒運動，全國熱烈響應。
民國五十四年	1965	打第一仗，立第一功 時時戰備、日日求新 照亮大陸	蔣中正視察金防部連長以上幹部講習班，訓勉「金門部隊要準備打第一仗，立第一功」。
民國五十六年	1967		國慶文告昭示反共必需「七分政治，三分軍事」。
民國五十七年	1968	馬祖精神 誠實、禮貌、整潔	馬防部司令官雷開瑄推展馬祖精神及三大運動。
民國五十八年	1969	親愛精誠	蔣中正蒞金門第三士校訓勉親愛精誠。
民國五十九年	1970		馬防部司令官李定編印「馬祖戰歌」。
民國六十年	1971	莊敬自強、處變不驚	退出聯合國；中共進入聯合國。
民國六十二年	1973	中華民國萬歲	
民國六十三年	1974	確保馬祖十大勝利保證 建設馬祖，光復大陸，創造時代；軍民一家、同島一命	
民國六十四年	1975	確保金門十大勝利保證 自立自強，奮戰到底 實踐三民主義，光復大陸國土，復興民族文化，堅守民主陣容	蔣中正逝世 蔣經國蒞馬祖巡視，勗勉官兵自立自強，遵照蔣公遺訓，完成復國大業。
民國六十六年	1977	其介如石	蔣中正逝世二週年，經國先生以「其介如石」為題，發表紀念文。
民國六十七年	1978		中美斷交；中共成立「對臺工作小組」，提出「開放改革政策」。
民國六十八年	1979	精誠團結、同仇敵愾、聞雞起舞、枕戈待旦	經國先生蒞馬祖宣慰軍民同胞。政府宣稱「三不政策─不妥協、不接觸、不談判」立場；中共發表「告臺灣同胞書」，停止砲擊金門，提出「三通四流」。
民國六十九年	1980	團結一致，互助合作	經國先生蒞馬巡視。

冷戰對峙期
三民主義統一中國ＶＳ和平統一〈民國七十年至民國七十九年〉

年代	西元	標語	備註
民國七十年	1981	貫徹以三民主義統一中國	執政黨通過「貫徹以三民主義統一中國案」；中共葉劍英提出「對等談判」、「特別行政區」。
民國七十一年	1982		孫運璿院長呼籲中共放棄「四個堅持」。
民國七十二年	1983	三民主義統一中國	鄧小平提出「一國兩制」的構想。
民國七十三年	1984	忠實精誠	建古寧頭戰史館；鄧小平再度提出「一國兩制」的模式。
民國七十四年	1985	整潔、簡樸、團結、和諧、守法、進步 事在人為，人定勝天	經國先生於六月十三日，蒞馬訪問。
民國七十六年	1987		開放探親、解除戒嚴、頒「國安法」。
民國七十七年	1988		行政院設置「大陸工作會報」。

民間交流期
國家統一綱領ＶＳ一國兩制〈民國八十年至今〉

年代	西元	標語	備註
民國八十年	1958		成立「大陸委員會」、「海基會」，通過「國家統一綱領」，終止動員戡亂時期；中共成立海協會。
民國八十一年		建立整體國防觀念、貫徹國軍神聖使命、務實國家統一綱領、達成國家統一目標 克敵致勝	金馬地區戰地政務解除，村落標語開始被塗掉，軍中標語將「匪」改稱「敵人」。兩岸兩會舉行「香港會談」。
民國八十二年		勤勞儉樸，崇法務實	兩岸假新加坡舉行「辜汪會談」
民國八十六年		忠誠、團結、風氣、效率	
民國八十七年		安定、繁榮、建設；以服務促進和諧、以創新帶動金門進步。——金門民眾服務社。 國家至上、縣民第一、廉潔效能、犧牲奉獻；勤儉、克難、創造、親切、便民、服務——連江縣政府。 真情，活力，新馬祖 杜絕穢言，反躬自省，變化氣質，提昇形象	兩岸兩會重啓協商大門，海基會董事長辜振甫十四日率團抵達上海，與海協會會長汪道涵會晤，雙方達成四點共識，估並邀汪訪台；訪問團於十六日轉赴北京，十八日辜振甫會晤中共國家主席江澤民，提議兩岸領導人在ＡＰＥＣ見面，未獲具體回應。海基會參訪團十九日結束「融冰之旅」返國，辜振甫二十日向李登輝總統報告此行經過，李總統強調此行象徵兩岸協商逐步恢復正常，未來只要大陸民主化，一切都好談。

時代感懷

今夕何夕

　　我們退守臺灣時，如果不是有金門、馬祖這固若金湯的防線，當時的共產黨會過來，若共產黨過來，我們會受他的控制，所有他們以前那些不合理的政策，和文化大革命等都會落在我們身上，我們會不會有今天？

　　我們會跟大陸的情形一樣，這不但是對我們有害，對他們也有害。因為改革開放後，到了一九八七年兩岸可以交通了，不論有形或無形我們幫大陸很多。共產黨把國家弄得民窮財盡，大陸方面「經濟學臺灣」口號一出來，我們很高興我們成功了。開放之後，我們不光給個「藍圖」，而是實際上地幫助大陸，臺灣的資金、人力、技術通通帶去了大陸，他們才可以有機會照著我們的經驗，在他們自己的基礎上發展，大陸才能那麼快發達起來。

　　「金門、馬祖反共愛國標語」所代表的時代背景，是個關鍵的地方，不應用諷刺的心情去看待。因為現在有人以一種看笑話的心情，認為現在也沒反共也沒回大陸去呀？這只是你目前看到的表相，你要去瞭解當時的那些事情，有它很長遠的意義，要從好幾面來看，如果你去瞭解實際發展的情形，長遠來看對國家所發生的作用是怎樣？你就能發現它的時代意義。再過些時候，回想這個年代跟這些事情，會為它們隱入歷史而覺得淒涼和感動……。

　　冷靜地觀看這個局面，對當年兩位蔣總統的時代，不能隨便否定他們，現在已經有人開始反省思考了，思考那時代的好處在哪裡？損失在哪裡？我們應該想的是什麼？不但是當初蔣總統、國民黨反共，共產黨現在也等於反共成功，大陸複製我們臺灣的經驗，如果不是他們覺得政策上有大的錯誤，他們為什麼要學我們的經驗？實際上他們是反共成功，只是口頭上不講，其實國際上已經明白。大陸實際上已經不是共產國家了，哪裡有共產國家這樣子蓬勃發展市場經濟？他們政治上一點都不講反共，是為了維持穩定，蘇聯改革，從政治上直接喊出改革，就像一部大車開得很快，突然緊急煞車或轉彎就翻車了。

　　以現在的心情回顧從前，你會發現，在過去某些特殊的時代背景下，標語有喚醒民眾，集中力量，團結民心的作用。這些年來，全世界走向和解，經濟發展的結果，使大家目標逐漸一致，教育的普及與民眾視野的擴大，允許大眾獨立思考的環境也已形成，有些標語也就成為歷史的記錄了。

 作家

像「咒語」一樣的標語

回過頭來看反共標語，首先覺得我們生活在現代的人是非常幸運的。

走過國共對立的時代到了現代，我們的心境或環境，雖不能說有一百八十度的轉變，至少有九十度的轉變。那時候的緊張、恐懼，不僅僅是對岸的敵人把我們當成敵人，而且我們自己內部的人也常常把自己當成敵人，隨時提防著「小心匪諜就在你身邊」，生活在這種互不信任狀態下的人，是非常痛苦的。當時海峽兩岸都是一樣的，這就是戰爭為時代帶來的悲劇。

我們現代的人對身處那一時代的人，應該抱持著關心、同情與尊敬，而不是痛恨、仇視。那一時代，有著「承先啟後」的功能，如果沒有那些標語的精神，臺灣老早沒有了。當時反共標語存在的原因就是為了「保護自己」─保衛大臺灣〈這是首軍歌，也是個標語〉，當時整個社會環境就是「枕戈待旦」、「毋忘在莒」。如果臺灣當時沒有這些標語，我們民心會渙散，也就沒有今天自由民主的社會。

當時中共隨時可能打過來，如果沒有標語所代表的精神，不僅生存的信心沒有了，生存的空間也沒有了。生存的信心與空間都沒有的時候，臺灣也就不存在，所謂臺灣的「中華民國」也會沒有了。我自己從那個時代走過來，對那個時代並不痛恨，只是同情那一時代的人，為了生存不得不那樣做。希望年輕一代的人能知道時代的背景，將金門、馬祖地區的反共標語當成歷史看。想想為什麼有這種標語？它的歷史意義是什麼？

「反共復國」、「反攻大陸」、「枕戈待旦」諸如此類的口號或標語，還有「反攻，反攻，反攻大陸去……」這首大家耳熟能詳的軍歌，沒有這樣的精神，士氣早就沒有了。沒有個反攻大陸的希望，大家在這塊小島上就像是等死一般，所以需要不斷地、不斷地有標語出來鼓舞人心，那個時代的人才能活下來，也才願意活下去。發明這種標語的人是可敬的，就好像一個人病入膏肓，還教他「我們一定會健康的！」、「我們一定會活下去的！」把信心建立起來，他才能堅持活下去。

以當時台灣是大陸的六十分之一，小小的一個島嶼是無法跟大陸比的，臺灣還能撐下來，就是靠這些標語為我們自己建立信心的。當時物質條件、政治環境都差的情況，似乎連前途也沒有了，唯一的前途就是標語所揭櫫的精神與方向。反共、精神標語等於是「咒語」一樣的！用標語給自己打氣。

我同情並且尊敬那個時代。

聖嚴　法鼓山創辦人

標語的「時代」與「角度」

　　「繁榮、進步、祥和、均富」是目前金門縣縣政建設追求的目標，也是我在擬訂各項施政計畫、執行各項施政項目時的準則。當然現在不流行像以前「反共抗俄」時代，一個目標要做成很大的標語放在牆壁上或者豎立在街頭，那會給人家覺得是八股社會的八股標語。因此比較傾向平面或電子媒體的方向推廣，例如發行錄影帶、印刷文宣品，這也是標語的轉變。

　　我小時候印象中的標語是反共抗俄、消滅共匪、殺朱拔毛之類的。民國三十八年至五十年時阿兵哥都住在我們村莊裡面，碉堡、牆壁都有標語，連大門楣的對聯也寫標語。這段時期是殺氣騰騰的年代。從民國五十年到七十年這二十年是標語的另一階段。這時期的標語比較沒有像民國四十年左右，「殺朱拔毛」那麼激烈，那麼殺氣騰騰了。雖然比較柔和點了，但還是有很強的意識型態在內，比如「反共復國」，並將金門塑造成「反共的跳板」，「自由的燈塔」或「海上長城」。

　　民國七十年到金門解嚴前是第三個階段。「崇法務實、勤勞儉樸」是解嚴前一、兩年由李登輝總統提出來的標語。在民國八十年至八十二年間，金門機場、縣政府都製作了這樣的標語。金門在八十一年十一月七號解除戒嚴終止戰地政務，八十二年正式跨入地方自治的時代，並開始民選縣長。是標語的另一階段。

　　標語的意義對於當時人心士氣的維繫、提醒及危機意識的創造，戰鬥氣氛的營造，有沒有效果？答案是肯定的。在當時的時空背景及戰鬥的環境中，標語有正面、建設性的作用。但是如果把那些東西搬到現代來，那不但沒有效果反而是反效果。

　　現在金門村落裡老房子牆上仍可見標語，我們已經不是拿來振奮人心或要提醒人們什麼，而是把它當成「歷史的痕跡」來看。我們以文化的角度、歷史的角度來看，在追憶、紀念或保存五、六０年代的東西，而不是著眼於政治的角度。

　　從標語我們可以反思那個時代，在金門這塊土地上發生許多非常可歌可泣的悲壯事實；也對這塊土地的軍人跟百姓，為自由，為民主，為領土，而犧牲奉獻的精神所感動。幾十年後的今天，經濟突飛猛進。回過頭來看那個時代的標語，讓人產生非常難以抹滅的印象。也對我們現在太社會過於奢侈浮華，太過於浪費墮落，有所反省。

陳水在 金門縣長

眞情，活力，新馬祖

　　每則標語都有它時代的背景與階段性的功能。從最早的「殺朱拔毛」、「反共抗俄」，其後的「反共復國」、「同島一命」，乃至於近來的「忠誠、團結、風氣、效率」。

　　我在民國六十五年回馬祖，那時兩岸的關係還是很緊張，特別是中美斷交之後。馬祖處在當時的環境必需要獨立作戰，隨時戰備的狀態，米、彈藥等都是半年存量。作戰時當然更是同島一命。成功就是成功，馬祖如果完了，不分軍民，不可能有存活的機會。當時眞正是抱著必死的決心。

　　馬祖解除戰地政務，它的大前提是動員戡亂終止。動員戡亂終止後，兩岸結束敵對狀態，進入和解談判階段。因爲結束敵對狀態，所以馬祖戰地政務才有終止的空間。金馬是臺灣的屏障，它在戒嚴時的尺度，比臺灣來的強。如果兩岸仍然在動員戡亂時期，臺灣仍然在戒嚴，金門跟馬祖，絕無可能提前解嚴。

　　標語所代表的任何階段，都是馬祖很珍貴的歷程。每則標語都要把它放入當時的時空背景做考量。標語有它的時代意義，就好像蔣公早年給馬祖「枕戈待旦」四個字。今天不管環境變化如何，我覺得「枕戈待旦」用在商業上，用在我們自己的作爲上，都還有很深的含意，因爲我們人不可能一輩子都平平順順，一定要在憂與喜之間磨練，所以人隨時都該「枕戈待旦」。

　　很多人批判戰地政務時期，認爲那段時間百無一用。我個人覺得人不能忘本，如果沒有早期的戰地政務，就沒有今天的馬祖。戰地政務這幾十年，是今日馬祖蛻變的基礎，有它階段性的意義。就好像國父講的「我們不能因爲中了彩票，就丟了扁擔」，「彩票」指的是地方自治，但要回歸地方自治也有它一定的條件，沒有這份基礎跟條件，同樣不能成就地方自治。

　　民國三十八年，民國五十年，六十年，甚至於民國七十年時，馬祖能夠實施「縣長民選」嗎？不可能的。因爲那種環境下沒有地方自治的條件。民國八十一年後，馬祖經過幾十年的建設，已經有了基礎，人才也養成了，才有實施地方自治的能力。任何事物都需要時間來成就。走過戰地政務時期，期盼鄉親能體認「眞情，活力的新馬祖」。

劉立羣　連江縣長

金門《反共、愛國、精神標語》總錄

地點		反共、愛國、精神標語內容	
太武山		毋忘在莒；中興在望；人定勝天；頑石點頭；其介如石；靜觀；佛	「毋忘在莒」蔣中正總統題於民國四十一年元月。
金沙鎮			
沙美	1號	我們的決心：獨立作戰、自力更生、堅持到底、死裡求生 金門精神：不怕苦、不怕難、不怕死	
	2號旁	獨立作戰、自力更生、堅持到底、死裡逃生	
	48號旁	實行三民主義	〈軍郵二所〉
	56號	枕戈待旦	
	58號旁	反共抗俄	
	57號	同生死共患難	
	122號對面	反共抗俄、反共必勝	
	沙美車站旁	自立自強、奮戰到底	已拆掉
	金沙鎮公所圍牆	自強、團結奮鬥	八十七年七月後拆掉
東埔	8號旁	主義、領袖、國家、責任、榮譽	
後浦頭	8號旁	完成革命大業，雪恥復國	
	19號旁	服從最高領袖；保養重於修理	
	40號旁	群策群力、戰鬥	
	56號	消滅朱毛漢奸	
	73號	負責任守紀律	
	89號	重整潔	
	92號前	而後破敵	
	115號	軍民合作	
後水頭	5號	保密防諜	已塗掉
	6號	保國衛民	已塗掉
	7號	敬愛袍澤	
	11號	忠勇為愛國之本；效忠蔣總統	已塗掉
	12號	軍民團結、消滅朱毛；軍民合作；效忠領袖	已塗掉
	27號	砥礪氣節；培養德行	
		毀共滅俄	

	59號	為保衛中華民國而戰	
	59號前	力行；效忠領袖、以軍建國；團結更團結、進步更進步	
西山前	中正臺	發揚革命精神、喚醒民族靈魂	
	4號	效忠領袖	已塗掉
	28號	榮譽、團結	
	22號，李氏家廟	安全第一 保養重於修理、修理重於購置	
東山前	5號	保密防諜	
	9號	效忠領袖	已塗掉
山西	李氏家廟旁	新速實簡	
	42號	康樂戰鬥	
		樂觀奮鬥	
		不怕死、不怕	
		中華民國領域圖、臺灣行政區域圖	
	3號	服從領袖	
	2號	親愛精誠	標語在屋內牆壁
獅山		龍吟虎嘯震東割、毋忘在莒	已塗掉
中山室		永懷領袖、堅守民主陣容	已塗掉
二七哨		哨所繪青天白日滿地紅國旗	
二九哨		親愛精誠	
吳坑	18號旁	效忠領袖	
	18號	復興中華	
官澳		馬山勇士紀念碑	
	195號前	三民主義、統一中國；虎軍精神勇猛驃悍、滅山易滅馬山連難；協調合作、統合戰力	
	195號前哨所	眺我河山、思我同胞；晝同夜暗謹〈緊〉防滲透、寒〈涵〉雨交加提高警覺〈已塗掉〉	官澳蚵管哨，以於八十七年十一月十三日撤哨。
	7號	基本射擊規定	
	楊氏祖廟旁	官澳昔日國小教室繪圖－阿兵哥與小朋友	

	62 號附近	整潔為強身之本	
馬山觀測所		還我河山；經營戰場培養戰力、全軍破敵永奠金甌	
馬山播音站		瓦解匪軍士氣、弘揚大漢聲威	已塗掉
青嶼	1 號	有國有家	
	2 號	戡亂到底	
	30-1 號	確保金門	
	32 號	反攻大陸	
	10 號	解救大陸同胞	
	17 號	實行三民主義	
	53 號	繪刺槍術的民牆	
		服從	
	67 號旁	海軍特勤大隊—忠勤、樸實、責任、榮譽	
大東山犁頭塔		軍令如山、軍紀似鐵	
		李榮火點—發揚戰力在地上	
草嶼		軍令如山、軍紀似鐵	
營山洋山灣		打第一仗、立第一功；穩健、沈著、實在、勇氣	民國五十四年，蔣經國任國防部長，經常到各離島視察防務，以隨時「打第一仗，立第一功」訓勉守軍。
營山	30 號	雪恥復國；精誠團結、擁護政府、奮發圖強、自力更生	
陽宅		養天地正氣、法古今完人	
		中正臺—虎嘯大地以民主重振神州、龍吟長天用均富喚醒中華	
	17 號	打勝仗，立特功	
	18 號	消滅共匪、復興中華	
	29 號	主義、領袖、責任、國家、榮譽	
	57-1 號	大片壁畫—貫徹以三民主義統一中國、完成復國建國神聖使命、實行三民主義、光復大陸國土；……人人唱三民主義的偉大、人人畫三民主義的美境、人人想三民主義的實現、人人作三民主義的鬥士	〈牆後另有「反共抗俄」四字〉
82 號		消滅奸匪、解救同胞	

	90 號	反共、抗俄	
		民宅牆壁上的國徽 軍令如山、軍紀似鐵；愛的教育、鐵的紀律；忠誠、團結、風氣、效率	屏東文康中心
蔡厝	3 號	反共抗俄	蔡氏家廟
碧山		克難實踐	
	33 號旁	服從　軍紀	
	11 號旁	培養堅強氣節、完成復國使命	
哨所		毋忘在莒	
何厝	51 號	實現三民主義	
后宅	1 號	經武	
劉澳	12 號旁		依稀可見強上曾繪軍人身影
浦邊	9 號	互助合作；團結奮鬥、精益求精、反攻大陸、解救同胞	
	18 號	迅速確實	
	19 號	學不厭教不倦	已塗掉
	29 號	反共抗俄	
	32 號前	團結奮鬥	已毀
	25 號	服從最高領袖	
中蘭村	村入口	莊敬自強	
金湖鎮			
瓊林		瓊林林園—芳園植嘉木、碧海勵忠貞	
村入口		建設配合作戰，生產改善生活	
70-2 號旁		獨立作戰、自力更生、堅持到底、死裡求生	
112 號前		主義、領袖、國家、責任、榮譽	
112 號前		軍民團結、消滅朱毛	
133 號		責任、榮譽	
		服從最高領袖	
環島東路		八二三戰役勝利紀念碑	
鵲山教練場		凝聚心力、精粹勁練、勇猛頑強、超敵勝敵	

下莊	5 號旁	克難、創造	民國四十三年至四十五年間，蔣經國期勉大家發揮「克難精神」。
	8 號	守法、重紀、知禮、愛民	
山外	43 號	軍民團結	
	45 號	消滅朱毛	
	4-1 號前	山川起瑞中興氣	
	陸軍第三考指部前	忠誠精實	考指部已於八十七年十月改成南雄山外文康中心
黃海路	97-11 號	領袖訓示—獨立作戰、自力更生、堅持到底、死裡求生	
湖前	43 號	反共抗俄	已塗掉
	47 號	居安思危、雪恥復國；察微知著、先知快報	
	57 號	反攻大陸	
新湖漁港		實踐三民主義、光復大陸國土、復興民族文化、堅守民主陣容	
		我們的決心—獨立作戰、自力更生、堅持到底、死裡求生	已毀
		為作戰而加強教育訓練、為從事整備而提高戰備、為培養戰力而而從事建設、為積極打勝戰而犧牲奉獻	
塔后	30 號前	為爭生存爭自由	
料羅		團結第一	
	59 號	消滅朱毛漢奸	
	59 號	軍民一家	
新頭	17 號	解救大陸同胞	
	20 號	復國	
	25 號	完成國民革命	
	42 號	反共抗俄	
	44 號	雪恥復國	
	52 號	實行三民主義	
夏興	村入口	國家至上、民族至上	
		毋忘在莒	

尚義		發揚民族精神、誓死保衛鄉土；中華民國萬萬歲；發揚金門戰鬥精神、三民主義統一中國；全民團結是最堅固的國防、社會安定是更繁榮的基礎	
軍用機場		軍民同心、建設金門	
金寧鄉			
后盤山	威濟廟	莊敬自強、處變不驚	
下堡	13號	親愛	
	13號旁	毋忘在莒	
		軍民合作、軍政一體	已塗掉
	汲古山房	反攻大陸，消滅朱毛	已拆毀
頂堡	翁氏宗祠	鞏固領導中心、解救大陸同胞	
	介壽堂	以國家興亡為己任、置個人死生於度外	
鎮西	育樂中心	洞悉台獨陰謀、達成國軍使命；培養憂患意識、完成統一大業；為民主政治奠基、邁向時代新紀元；維護國家安全、是每一位國民的責任	
		以信心、恆心、決心完成復國建國使命	
湖南高地		立足臺灣、胸懷大陸、放眼世界；知廉恥、辨生死、負責任、重氣節	
安岐	13號前	攻	只剩一「攻」字，其餘剝落
	59號	雪恥復國	
	63號	精誠實幹	
湖下	86號	實行三民主義	
	87號	復興中華文化	
	171號	頂天立地、繼往開來	
北山	17號	新速實簡	
	威震第	收復河山	
南山	19號	實行三民主義	
	古寧頭	古寧頭戰場	
古寧頭	戰史館	忠實精誠	建於民國七十三年
下埔頂	4號	毋忘在莒	
榜林	33號	以身許國、以校作家	入口處寫著：師承四育培邦本、啓迪六藝樹英才。

		建鄉保村、自立自強	
榜林	伯玉路口	把意志變為力量、把理論變為行動、把思想變為信仰	「無名英雄像」建於民國四十二年。
后湖	許氏宗祠旁	精誠團結	
金城鎮			
金城	金門縣政府	中華民國萬歲；勤勞儉樸、崇法務實	原「毋忘在莒」。
縣府旁		莊敬自強、慎謀能斷、時時戰備、日日求新	
金城憲兵隊		忠貞團結、鞏固精練；和平、勇敢、廉潔、慧敏；永矢忠貞	
民生路 52號〈憲兵隊旁〉		擁戴領袖	寫於民國五十二年
民眾服務社		平安幸福；公平正義新社會、繁榮安定好生活〈八十七年十一月〉	安定、繁榮、建設；以服務促進和諧、以創新帶動金門進步
金城車站旁		主義、領袖、國家、責任、榮譽	
原金城東、北門里辦公室		永懷領袖；我們的言行準則—精誠團結、擁護政府、自力更生、奮發圖強	八十七年十一月已拆掉
		擁護政府、精誠團結	
金門縣立體育場		整潔的金門、禮貌的金門、守法的金門、秩序的金門、均富的金門、戰鬥的金門	
莒光樓旁		貢獻智能、建設國家	
莒光樓旁		復興中華文化	
國立金門高級中學		讀書不忘救國、救國不忘讀書	
金城鎮古崗		民宅牆上海龍蛙兵圖像	
翟山坑道		勤勞儉樸、崇法務實；毋忘在莒；訓練軍人的姿態體力和精神—雄壯、威武、嚴肅、剛直、安靜、堅強、確實、速決、沈著、忍耐、機警、勇敢；毋忘在莒七大精神——一、堅忍不拔的精神。二、團結奮鬥的精神。三、研究發展的精神。四、以寡及眾的精神。五、主動攻擊的精神。六、防諜欺敵的精神。七、軍民合作的精神；主義、領袖、國家、責任、榮譽	
前水頭 25號		樂觀奮鬥	

	35 號	徹底執行命令	
	40 號	誓死完成任務	
	81 號	安危須仗、甘苦共嘗；主義、領袖、國家、責任、榮譽	總統訓詞：安危他日終須仗；甘苦來時要共嘗。
		救家、救民族	
賢厝	40 號公車站牌旁	打回大陸	
庵前	牧馬侯祠前	軍令如山、軍紀似鐵；崇法務實、勤勞儉樸	
		做天地間不可少之人、為倫類中所當行之事	
官裡	2 號	除暴	
珠山	61 號	動員戰	
歐厝	58 號	消滅朱毛	
	61 號	精誠團結	
		復興中華民國	
小西門		忠誠、團結、風氣、效率	
烈嶼鄉			
九宮碼頭		有金馬才有臺澎、有臺澎便有大陸；團結的烈嶼是全國的標竿、和諧的烈嶼是我們的希望	
九宮碼頭		愛的教育、鐵的紀律、軍令如山、軍紀似鐵	
九宮碼頭		忠誠、團結、風氣、效率	
九宮碼頭		石池雷湯衛寶島、屏山面海護神州	賴明湯題於民國六十三年
濱海大道旁		中華民國萬歲	立於民國六十二年七月七日
湖下勝利門旁		我們的誓言：有我無敵、有敵無我；我不殺敵、敵必殺我。我們的決心：獨立作戰、自力更生、堅持到底、克敵致勝。我們的精神：生活不怕苦、工作不怕難、戰鬥不怕死。	
東林		厚植國立、建設烈嶼、根植鄉土、放大格局、迎向未來、三民主義統一中國	

八達樓子前		獨立作戰、自力更生、堅持到底、死裡求生	八達樓子建於民國五十五年。
東坑	48-1 號	強國就是富家	
	湖井頭	軍令如山、軍紀似鐵；愛的教育、鐵的紀律	
	上林將軍廟據點	濤浪激石血奔騰、故國赤禍土蒙塵、仰問蒼天誰與蒸、唯有忠肝義膽人	
后宅	12-1 號前防空洞	居安思危—自古王業不偏安、如今匪我豈並存；軍民一家—良兵為良民的模範、良民為良兵的基礎	
	黃厝的防空洞	軍民一家—為救國潛居　、為保身避免無謂犧牲；莊敬自強步步求生、處變不驚時時救國	
	后頭村的防空洞	軍民合作—殺朱拔毛、根華飛龍；毋忘在莒—精誠團結滅共匪，堅忍不拔復河山	
	勇士堡	兩百公尺以內，徹底殲滅敵人	
烈嶼憲兵分隊		忠貞	
烈嶼禁閉悔過室		靜心園—古代周處除三害、今日英雄勤修持	
烈嶼雙口		反攻	
獅嶼		毋忘在莒；還我河山；主義、領袖、國家、責任、榮譽；忠誠、團結、風氣、效率	
北碇燈塔		三民主義統一中國	
		獨立作戰、自立更生	
		戰備為先	
東碇		那堪大陸同胞淪於水火、且看東碇健兒還我河山	
金門大膽島		大膽擔大擔、島孤人不孤；三民主義統一中國	

馬祖《反共、愛國、精神標語》總錄

地點		反共、愛國、精神標語內容	
北竿			
塘岐村	219 號旁	還我河山	
塘岐村		北竿頌—美麗的山　美麗的水　美麗的人心　美麗的北竿島　北竿最美麗 我愛美麗的北竿 整潔、簡樸、團結、和諧、守法、進步	《北竿頌》孫晉珉師長題，約民國七十四年。
塘岐村	運動場	崇法務實、勤勞儉樸；愛的教育、鐵的紀律；軍令如山、軍紀似鐵；精誠團結、同仇敵愾、聞雞起舞、枕戈待旦	
塘岐村		忠誠、團結、風氣、效率	迎賓館內、福利社旁及路口
塘岐村	中正堂	正常、理性、祥和、法紀；中華民國萬歲	
	軍郵局	杜絕穢言、反躬自省、變化氣質、提昇形象	
	國民黨北竿黨部	求心、求行、求本、求生	
		一柱擎天；捨我其誰	
芹壁村	80 號	消滅朱毛漢奸	
	57 號	檢肅匪諜	
	51 號	爭取最後勝利	
		支援軍事作戰	
	39 號	軍民合作	
	38 號旁	光復大陸	
	34 號	解救大陸同胞	
	31 號	蔣總統萬歲	
	14 號	軍民一家、互敬互愛	
		空防即國防 有備勝無備	
		加強防空；鞏固國防	
芹壁村	辦公室	管教養衛—精神團結凝戰力，枕戈待旦復河山	
芹壁上村	103 號	支援軍事作戰	
芹壁上村	103 號後	博愛—以救人救世為懷、以治傷救病為樂	
芹壁上村	附近營區	堅強固守誓與馬祖共存亡、英勇戰鬥決將犯匪盡殲	

芹壁上村	附近營區	還我河山	
芹壁上村	圓環	精誠團結、擁護政府、自力更生、奮發圖強	
橋仔村	環島北路	建設北竿	
橋仔村	2 號	消滅朱毛漢奸	
	2 號旁	反抗俄寇侵略	已塗掉
	75 號	還我河山	
	89 號	實行三民主義	
	90 號	加強地方建設	
	116 號旁	復興中華民族	
	莒光堡	莊敬自強	
山前連		我武揚威；忠誠精實	
后沃村		可以百年不用 不可一日無此	
坂里村	坂里村辦公室	管教養衛—精誠團結凝戰力 枕戈待旦復河山	
	防空洞	中美合作—堅強固守確保馬祖、枕戈待旦跨海殲匪	
	56 號旁	實行三民主義	已被塗掉
	90 號對面	敬軍愛民	已被塗掉
	後浪坡班超堡	保存戰力於地下、發揮戰力於地上；以榮譽灌溉生命、以生命爭取榮譽；樂觀奮鬥；為民族把國保；守密、守紀、守分、守時、守法	鑑於民國五十二年三月
午沙港	旁哨所	獨立作戰、自力更生、堅持到底、死裡求生	
白沙港		壯士居 忠誠、團結、風氣、效率	
山壁大石		守土任重應加強戰備，求知路遠且勤奮讀書	
山壁大石		忠孝—上事於君下交於友內外一誠終能長久；敬父如天敬母如地汝之子孫亦復如是	
山壁大石		淨心	

中興公園		養天地正氣、法古今完人；成功別墅—誓與馬祖共存亡、決將犯匪盡殲滅；樂吾居—一顆心效忠領袖、一條命確保馬祖	
碧園		反攻大陸、還我河山；軍紀、禮儀、運動；踏實、誠實、精實；革新、動員、戰鬥；碧血千秋；確保馬祖、反攻大陸；軍令如山、軍紀似鐵	
碧山頂		彈不虛發—彈彈射正朱毛首、發發命中匪艦機	四十八年八月
碧山頂		確保馬祖；還我河山；毋忘在莒；鎮定沈著〈48.1.23〉	
南竿			
福沃港		枕戈待旦〈蔣中正總統於四十七年七月蒞止馬祖，親題枕戈待旦以勗軍民，謹勒之於壁期相勵翼焉—馬祖防衛司令部恭立 中華民國七十七年元月一日〉	中華民國四十七年一月蔣中正題，七十七年一月立。
福沃	運動場	貫徹以民主義統一中國；建設馬祖、光復大陸；人定勝天；親愛精誠；崇法務實、勤勞儉樸；忠誠、團結、風氣、效率；真情、活力、新馬祖	
福沃	港口大樓前	忠誠、團結、風氣、效率	
福沃	候船室	事在人為、人定勝天	經國先生於民國七十四年六月十三日蒞馬巡視。
經澤村	108 號前	事在人為、人定勝天	
連江縣政府		精誠團結、同仇敵愾、聞雞起舞、枕戈待旦	已消失
連江縣政府		國家至上、縣民第一、廉潔效能、犧牲奉獻；勤儉、克難、創造、親切、便民、服務	
介壽村	205 號	安和樂利、富而好禮	
	203 號	建設三民主義模範縣	現改成「山隴境白馬尊王廟」
	287 號	管教養衛	
	軍友街口	敬軍愛民	
	85 號	支援軍事作戰	
	92 號	管教養衛	

		259號	開發電力、建設馬祖	電力公司
			效忠總統	原馬祖冷凍廠,立於民國四十九年雙十節,現在是「老船長KTV」。
介壽村	馬祖民眾活動中心		三民主義統一中國	
南竿	馬祖中學前		枕戈待旦	正版「枕戈待旦」
南竿	三槍堡		雄壯、威武、嚴肅、剛直、安靜、堅強、迅速、確實、沈著、忍耐、機警、勇敢	
南竿	三槍堡旁		確保馬祖十大勝利保證—信心夠、戰志堅、訓練好、工事強、地形險、部署周、火力大、軍品足、警覺高、戰備全。中華民國六十三年十月,馬祖防衛司令部製。	
梅石	成功亭公車處前		勝利第一、成功第一;堅強固守誓與馬祖共存、英勇戰鬥決將犯匪盡殲	
梅石	中正堂		建立整體國防觀念、貫徹國軍神聖使命、務實國家統一綱領、達成國家統一目標;積極提昇國軍素質、確保國家長治久安;務本求實,提昇國軍戰力;忠貞、團結、鞏固、精鍊	含壁畫 謹獻此堂為我國民革命軍之父總統蔣公壽。馬祖全體軍民敬獻,高苑田樹樟恭題,四十九年十月。
梅石	馬祖文康中心		自強不息〈彭孟緝題〉、健康身心〈俞大維題〉、弘揚士氣〈羅列〉	
馬防部幹訓班			效忠總統、確保馬祖;親愛精誠;實踐三民主義、光復大陸國土、復興民族文化、堅守民主陣容;愛的教育、鐵的紀律	
民眾公墓前砲兵彈藥庫牆上			一彈一匪、百戰百勝	
民眾公墓前砲兵單位			永不低頭;親愛精誠;雄壯、威武、嚴肅、剛直、安靜、堅強、迅速、確實、沈著、忍耐、機警、勇敢	
聚英路上			勝利之路	
成功山	訓練基地		精實戰備、勤訓精鍊、獨立固守、自力更生	八十七年七月馬祖防衛司令部製
復興村			實行三民主義	
摩天嶺	某廢哨		相依如唇齒、榮辱本與共;親愛精誠—枕戈待旦確保馬祖、臥薪嘗膽反攻大陸	

摩天嶺	某廢哨	正常理性、祥和法紀、精誠團結、同仇敵愾	
摩天嶺	笠園	忠貞清白、勇敢智慧	
牛角嶺某廢哨		兩腳踢翻塵世浪、一肩擔盡古今愁；我機警嗎？我勇敢嗎？；一條命確保馬祖、一顆心效忠領袖	
牛角嶺某廢哨		反共抗俄	
復國空飄站		以國家興亡為己任、至個人死生於度外	已廢棄
南竿清水		民生至上、建設第一	
南竿介壽公園		建設馬祖、光復大陸；創造時代	民國六十三年十月，吳嵩慶敬贈〈退役陸軍中將、唐榮公司董事長〉
中興嶺		忠誠、團結、風氣、效率；忠貞、團結、鞏固、精鍊	
南竿憲兵隊照牆		和平、勇敢、廉潔、慧敏	
馬祖醫院路口		親愛精誠	
仁愛村兩棲部隊		安危他日終須仗、甘苦來時須共嘗；海域殲敵耀英豪、龍騰虎躍衛國疆；忠義驃悍；英勇豪邁；肝膽相照	此牌樓原本漆紅色，長官說紅色代表對岸，今年三月改漆成綠色。
八角亭		軍民一家、同島一命	
		常在戰場；我們的任務—打落敵機；新速實簡—靜定安慮得、智信仁勇嚴；運籌帷幄之中、決勝千里之外	
南竿	工兵營	枕戈待旦	
南竿	工兵營新訓隊	怕苦畏難莫入此門、習文練武由此開始	
馬祖南竿		勝利堡	位於清馬道上之軍事據點
津沙村	村辦公室	管教養衛	
	48號旁	克難創造；發揚革命精神、完成中興大業	
	69號	莊敬自強、處變不驚	
	黎明營區	聞雞起舞；枕戈待旦；親愛精誠	
		鐵血—與鐵堡共存亡、同共匪拼死活；毋忘在莒；固若金湯	
	津沙靶場	百發百中；樂觀奮鬥—踞西嶺護圓臺寒慄匪膽、嚙碧海封閩江志奪幽燕	

津沙靶場	附近廢哨	我們的決心：獨立作戰、自力更生、堅持到底、死裡求生	
	勝天公園	人定勝天	
珠螺村	25號	管教養衛；毋忘在莒；獨立作戰、自力更生、堅持到底、死裡求生	
	29號	毋忘在莒	
	22號	互助合作	
馬祖村	中正國民中小學後	實踐三民主義、光復大陸國土	
	馬港	忠誠、團結、風氣、效率	
	清輝樓	崇法務實、勤勞儉樸	
	媽祖廟旁廢哨	屏障前門、盡除赤患；培養蓬勃朝氣、鼓舞戰鬥精神；奮戰到底	
	104號旁	保養第一、勝利第一	
馬祖村	附近戰備道	管教養衛	
四維村	附近戰備道	聞雞起舞—壯志餐食朱毛肉、笑談渴飲匈奴血　心懷大陸—乘長風破萬里浪、展壯志立百代功	
四維村	61號	要為民族 、爭做國校模	
	80號	管教養衛	
	82號	眼閉口	
	附近哨所	氣勢何雄渾、翻動幾成雷	
	看守所	三民主義統一中國	
復興村	172號	如意—實行三民主義、自然五福臨門	從前臨時醫院春聯
津沙村	100號	民豐、物阜—實行三民主義、自然五福臨門	從前臨時醫院春聯
復興村	165號	實行三民主義	
復興村	172號	吉祥—萬象新、一統舊山河	春聯
		莊敬自強—一條心　一條命確保馬祖	
北竿芹壁村漁寮		發展漁業生產、增進漁民生活	
北竿白沙港漁寮		增進漁業生產、提高漁民生活	
莒光鄉			
東莒	猛沃港	崇法務實、勤勞儉樸；軍令如山、軍紀似鐵	

		天下為公、明恥教戰、枕戈待旦、精誠團結；自力更生、獨立作戰、堅持到底、克敵致勝〈背面「忠誠、精實」〉	
		忠誠、團結、風氣、效率；貫徹以三民主義統一中國	
東莒	靶場	射擊為戰鬥之基礎；瞄不準、看不見、打不到不打	
東莒	五四據點	生死榮辱與共、吃喝玩睡一起；精誠團結	
福正村	天后宮	國仇家恨誰不知消滅共匪定千秋、親恩兄義一身殉感動人心傳百世	
	福正水庫	還我河山；同島一命	
東莒	某據點廢哨	沈著勇敢誓與陣地共存亡、砥礪忠貞發揚革命精神	
東莒	某據點廢哨	人人有定位、物物有準備、人人知任務、人人會作戰、能獨立作戰〈戰備整備程序〉	
東莒	某據點	氣壯山河	
大坪村	大浦 102 號	萬象更新—從容乎疆場之上、沈潛於仁義之中；萬年有慶—全體國民沾福利、熱心愛國住安和；中興—喜逢新歲月、收拾舊山河	
大坪村	中正堂前	忠誠、團結、風氣、效率；大公無私、誠摯純潔、犧牲奉獻、不斷革新；防區五大禁令：不賭博、不酗酒、不賒欠、不吸毒、不鬥毆	
大坪村	77 號	實踐三民主義、軍民合作	大坪村製
大坪村	附近某廢哨	發揚愛笑美力、保持永恆朝氣	
大坪村	附近某彈藥庫	克難	
東莒	某廢哨	一顆心效忠領袖、一條命確保馬祖	
西莒		毋忘在莒	
	青帆港	枕戈待旦；精誠團結、同仇敵愾、聞雞起舞、枕戈待旦；忠誠、團結、風氣、效率	
西莒	鄉公所	效忠總統；吾愛吾鄉	
西莒	鄉公所前	金城湯池雄鎮閩海、枕戈待旦誓復中華	

西莒	鄉公所前防空洞	衛我山河憑陣固、殲彼匪寇賴民和	
田沃村	中正堂	效忠總統;忠誠、團結、風氣、效率;以自由民主均富統一中國;奉行三民主義、服從政府領導、保衛國家安全、完成統一大業;服從領袖、擁護政府	
	菜浦水庫	同島一命、奮戰到底	
		我們的決心:獨立作戰、自力更生、堅持到底、克敵致勝;忠誠、團結、風氣、效率;萬夫、莫敵;耀武、揚威	
田沃村	旁小廟	奸匪竊國鬼神難安、驚濤駭浪幸得自由	
田沃村	33 號	確保馬祖	
東引		整潔、禮貌、秩序、戰鬥;三民主義統一中國	
東引	忠誠門	崇法務實、勤勞儉樸	曾經是〈反共復國、光復大陸〉
樂華村	77 號旁	三民主義統一中國;禮義相親、守望相助、勤勞儉樸、淬礪奮發	
中柳村	41 號前	勤儉、守分、敦親、睦鄰;愛鄉土、愛國家	
中柳村	35 號	軍民一家、互敬互愛	
東引		忠義驃悍;其介如石;固若金湯;中流砥柱;親切自然、奉獻犧牲;毋忘在莒	
東引	鄉公所旁	軍令如山、軍紀似鐵	
東引	運動場	親愛精誠;中華民國萬歲、三民主義萬歲	
東引	路邊	忠誠、團結、風氣、效率;實踐三民主義、光復大陸國土、復興民族文化、堅守民主陣容;忠貞、團結、鞏固、精鍊、犧牲、負責;忠誠精實;忠義驃悍〈原「救國救民」〉	
東指部		主義、領袖、國家、責任、榮譽	
東引	幹訓班	確保東引四大要訣:誓死固守陣地,堅守最後五分鐘。砲打船槍打人,先空後陸不放鬆。斷然澳口決戰,快打猛打又猛攻。短猛防護火力,殲滅犯敵於海中。	

		我們的精神：精誠團結、同仇敵愾、聞雞起舞、枕戈待旦我們的決心：獨立作戰、自力更生、堅持到底、克敵致勝忠誠、團結、風氣、效率；親愛精誠	
東引	軍官俱樂部	勤儉精實培養戰力、忠義驃悍光復神州	
		忠義衛漢統、驃悍復神州	
東引	東湧水庫前	忠義驃悍；獨立作戰；克敵致勝	
東引	南澳天后宮	鎮海屠鯨消滅朱毛漢奸、長風破浪光復華夏神州	
東引	醫院	視病猶親	
本部連	成功坑道	誓死固守陣地，堅守最後五分鐘。砲打船槍打人，先空後陸不放鬆。斷然澳口決戰，快動猛打又猛攻。短猛防護火力，殲滅犯敵於海中。	
	中正堂	落實軍紀教育、周密械彈管制、防杜危安事件、勵行勤勞儉樸、健全領導統禦；促進團結進步、培養守紀習性、根絕體罰凌虐、實施合理管教、強化內部管理；親愛精誠；勤勞儉樸、崇法務實；毋忘在莒〈中正堂前〉	
	東湧日報	振奮軍心士氣、培養精神戰力	
	永固據點	堅如鐵石	
東引	某據點內	據點是我家、我愛我據點	
東引	某據點內	反共救國	
東引	北海據點	忠義驃悍	
東引	北燕堡	上崗就是上戰場、認真服勤即報國	
東引	驃悍據點	我不殺敵、敵必殺我、退此一步、即無死所	
東引	小紫沃據點	殺共匪；你我守碉堡、先把基地保、指日渡海去、反攻滅朱毛、重建大中華、時勢造英雄；據點是我家、我愛我據點	民國四十五年
東引	大紫沃據點	貪生怕死必死、死裡求生必生	
東引	天聲堡據點	安全第一、信心第一；毋忘在莒	
東引	天王澳據點	獨立作戰、自力更生、堅持到底、克敵致勝〈原「死裡求生」〉；天縫聆濤	

東引	成功堡據點	克敵致勝；獨立作戰；忠義驃悍；殲敵水際、	
東引	南橋據點	忠義驃悍	
東引	南坑據點	忠義驃悍	
東引	燕秀據點	燕秀潮音	
	八一砲據點	毋忘在莒	
	聯五觀測所	我們的決心：獨立作戰、自力更生、堅持到底、死裡求生	
	西門流據點	據點是我家、我愛我據點	
	中柱據點	據點是我家、我愛我據點	
	砲兵營自強坑道	軍令如山、軍紀似鐵；忠誠精實；毋忘在莒	
西引		人定勝天、事在人為；忠義驃悍	
西引	三山據點	據點是我家、我愛我據點	
大坵		海角樂園；枕戈待旦；忠誠、團結、風氣、效率；島孤人不孤；管教養衛；大坵勇士－敢戰、樂戰、能戰、善戰；毋恃敵之不來、恃吾有以待之；實行三民主義；消滅朱毛漢奸；光復大陸；軍民合作；效忠領袖	大坵島已於八十七年八月撤軍。 大坵學校落山腰、朝向瀛，海巍然聳立，旨在栽培國之棟梁，以國建國之業。歷半，人力物力，耗之頗鉅，建造期間，夙夜匪懈、櫛風沐雨、歷盡艱辛，乃係吾全體官兵血汗之結晶也，略爾之，聊表誌念。官兵承建。中華民國五十四年五月三十日
高登		自力更生、獨立作戰；固守高登、屏衛台海	
亮島	百勝港	照亮大陸	
		效忠總統；反共前鋒；毋忘在莒；用我們的血汗創造亮島歷史、自立自強奮戰到底；一切為作戰、一切為勝利；為戰而訓、為用而訓；雙手萬能；莊敬自強；一兵守哨、萬軍安全	
	亮島臺	亮照大陸、島立天中；崇法務實、勤勞儉樸	

亮島	實踐三民主義、光復大陸國土、復興民族文化、堅守民主陣容	
	確保馬祖十大勝利保證	
指揮部	堅定反共信念、力行民主憲政；自力更生、獨立作戰	
力行廳	從容乎疆場之上、沈潛於仁義之中	
莒光樓	養天地正氣、法古今完人	
軍魂亭	登高望大陸、跨海平妖魔	中華民國七十三年元旦恭立
趙大王廟	枕戈待旦應機時、跨海西征平赤魔；我們的決心：獨立作戰、自力更生、堅持到底、死裡求生	

牆上烽火 工作日誌

民國七十九年

八月十六日
入伍。

九月二十四日
由高雄搭船往金門。

九月二十五日
抵由料羅灣。至太武山下公墓等分發。種下日後進行《金門地區反共、愛國、精神標語》研究調查計畫最初因緣。

民國八十六年

十二月二十一日
第一次到馬祖，一下飛機就發現阿兵哥在製作標語。芹壁村民宅牆上的標語，保存得很完整。

十二月二十二日
發現后沃村的防空洞入口有意思的標語「可以百年不用，不可一日無此」。

十二月二十三日
晨散步至橋仔村，發現寫著「還我河山」的春聯，還有數個標語。下午至坂里，可惜坂里標語被塗掉了。搭船至南竿，看見港邊山壁的「枕戈待旦」，運動場邊也好多標語。

十二月二十四日
借了一部機車，在北竿四處逛，期望發現更多的標語。

十二月二十八日
因緣際會，得以搭船至大坵。不得了，小小島上的標語真是有夠多。我想心中醞釀已久的《金門地區反共、愛國、精神標語研究調查》應該加上「馬祖」。

十二月二十九日
至國家文化基金會領取表格。準備照片等資料。

十二月三十日
填寫表格，認真思考為什麼要做這項研究調查工作。

十二月三十一日
至國家文化藝術基金會繳交申請表格及相關資料。

民國八十七年

二月六日
《金門、馬祖地區反共、愛國、精神標語言研究調查》初審通過。

三月二十六日
國家文化藝術基金會通知，補助《金門、馬祖地區反共、愛國、精神標語》研究調查計畫。聯合報文化新聞中心李玉玲小姐，採訪此研究調查計畫。

三月三十日
整理曾經拍過有關標語的底片。蒐集資料。

三月三十一日
博揚文化公司，希望能將《金門、馬祖地區反共、愛國、精神標語》研究調查計畫出版成書。下午，至國立編譯館找民國四十年至五十年間國文課本。

四月一日至四日
「毋忘在莒」、「枕戈待旦」、「聞雞起舞」、「島孤人不孤」故事由來？標語為什麼刻在民宅牆上？標語與地點的關係？標語與軍歌的關係？標語與金馬地區發生的大事？

四月五日
整理金門標語底片。

四月六日
設計表格。送洗彩色照片並初步分類。

四月八日
參考書籍：外島巡禮、離島紀行。初步整理標語內容。整理送洗黑白底片。

四月九日
羅蘭女士贈言：「金門、馬祖反共愛國標語」所代表的時代背景，是個關鍵的地方，不應用諷刺的心情去看待。你要去瞭解當時的那些事情，有它很長遠的意義，要從好幾面來看，如果你去瞭解實際發展的情形，長遠來看對國家所發生的作用是怎樣？你就能發現它的時代意義。再過些時候，回想這個年代跟這些事情，為它們的隱入歷史而覺得淒涼和感動……。」

四月十日
想到這些事：四十六年、六十六年、八十六年，國小國文教

科書內容的演變？怎麼開頭？該製作大事年表。可至金門浯江圖書館查資料。或可有：溫習愛國小故事，高唱愛國軍歌兩單元。可以採訪誰？

四月十三日
打電話至青年日報、軍聞社、勝利之光、藝工總隊查詢資料事宜。

四月十四日
打電話給朋友姜捷請其介紹黃瑩先生約採訪。

四月十五日
黃瑩先生介紹藝工總隊音樂組陳組長借軍歌資料。

四月二十四日
至日月潭參加〈在地的花朵〉臺灣在地文史工作研討會。

四月二十六日
於會中報告「文史工作與影像保存」專題。

四月二十七日
訪藝工總隊音樂組陳組長。

四月三十日
訪黃瑩先生。

五月十日
整理金門反標。

五月十一日
整理馬祖反標。若重遊。

五月二十九日
發現台北中華路街頭竟還存在著「毋忘在莒」標語，很驚訝而興奮。

六月一日
訪金門詩人張國治。請其介紹故鄉朋友談標語。

六月八日
至金門。訪金城國中唐敏達老師。蔡國團先生。拍金城、庵前、官裏、珠山、歐厝、后湖、中心教練場、前厝、頂堡、下堡、后盤、瓊林、沙美等地的標語。

六月九日
拍沙美標語。訪村民：吳維能、張晚居、楊木耳、黃維蘭等。拍後水頭、湖前等村落標語。訪村民陳育雨。至光華基地──心戰資料館、八二三戰史館。

六月十日

晨下大雨，至浯江圖書館查資料。下午至青嶼。訪村民張廷懷。

六月十一日
至馬山觀測所。拍官澳、南山、北山、榜林、夏興、湖下等村落標語。天氣不穩，大太陽後又下雨。

六月十二日
至小金門找尋標語，下雨。回臺灣。

六月十七日
拍台北遠東百貨公司、中華路口的「毋忘在莒」標語。

六月二十一日
寫「金門──反共標語的故鄉」一篇。

六月二十二日
整理金門蒐集的資料。

六月二十三日至二十五日
準備赴馬祖資料。

六月二十六日
夜在基隆搭乘臺馬輪赴馬祖。候船室寫著「船上安全，人人有責」的標語。

六月二十七日
天亮，遠遠望見海面浮出島嶼的影子，竟會感動，許多人跑到船頭看島嶼浮現。抵馬祖。首先「枕戈待旦」在望，一下船福沃港港口大樓牆上寫著：「忠誠、團結、風氣、效率」。福沃運動場四周也有許多的標語。這是一趟「標語之旅」。在碼頭巧遇連江縣長，搭縣長便車至縣府，縣長幫忙借了一部機車，方便我未來幾天東奔西跑尋找標語。至馬祖、珠螺、鐵板、經澤、四維、山隴等村落。看守所輔導長帶我去砲兵單位拍了「一彈一匪，百戰百勝」標語。在四維村某海防據點看見「氣勢何雄渾，翻動幾成雷」標語。馬港媽祖廟旁發現「屏障前門，盡除赤患」標語。縣府大樓的標語變換也很有意思。

六月二十八日
在馬祖南竿「中央大道」八角亭遇到正在製作的「軍民一家，同島一命」標語。至復興村、梅石、津沙、鐵板、山隴等村落。在津沙村找到書上看到的標語「克難創造，發揚革命精神 完成中興大業」。津沙村的黎明營區的「枕戈待旦，聞雞起舞」加上阿兵哥集合，很有真實況味。夜，馬祖日報總編輯宋志富請吃飯，曹以雄縣議員及畫家曹楷智一同聊馬祖「枕戈待旦」標語，很有意思。

六月二十九日

與曹以雄議員至東引。一下船，就看見東引依山而建的村落，山腰「整潔、禮貌、秩序、戰鬥」標語。中午東引鄉長請吃飯，劉家國縣議員一同。在餐廳窗口看見民宅牆上「軍民一家，互敬互愛」標語。跟鄉長借了一部機車，迫不及待想到處看看，可是中午實在太熱了，太陽曬得人發暈。邊拍邊休息躲太陽。東引忠誠門很有特色，東、西引間的「中柱島」一帶許多大石塊刻著標語，「中流砥柱」、「事在人為、人定勝天」為代表。四處亂跑，跑到一處風景絕妙的廢棄哨所，看到「據點是我家，我愛我據點」標語。後來劉家國議員帶我去看南澳天后宮「鎮海屠鯨消滅朱毛妖孽，長風破浪光復華夏神州」對聯。又去西引散步。西引舊碼頭一廟很有味道，廟旁有著「忠義驃悍」的標語。

六月三十日

仍然在東引亂闖。發現「北燕堡」荒廢據點，崗哨標語「上崗就是上戰場，認真服勤即報國」。在小紫沃據點，某排長帶我至一處廢哨看標語，「殺共匪」，「你我守碉堡，先把基地保。指日渡海去，反攻滅朱毛。重建大中華，時勢造英雄。」湮沒在馬祖各處的標語還有多少呢？請林日福鄉長帶我至東指部一帶拍照，發現「反共救國軍忠義驃悍詞」。

七月一日

等船至東莒時，在福沃港聽蛙人們唱「收操歌」。在東莒借了部機車便開始尋找標語。在福正村遇隋立為處長，說明來意，他竟說知道五四據點有個好玩的標語，我便搭「迎賓車」至東莒燈塔旁的五四據點，「吃喝玩睡一起，生死榮辱與共」我永遠難忘記這對標語。燈塔連塗如德副連長帶我看福正村天上聖母廟的對聯「國恨家仇誰不知消滅共匪定千秋，親恩兄義一身殉感動人心傳百世」。後來又在福正水庫附近戰備道旁一處廢棄哨所發現「沈著勇敢誓與陣地共存亡，砥礪忠貞發揚革命精神」。在大坪村大浦路一〇二號，發現許多標語春聯。在往大埔石刻路上看到「氣壯山河」。

七月二日

晨仍在東莒，等船至西莒的空檔再逛一遍東莒。發現草叢一處臨海無人碉堡寫著「一顆心效忠領袖，一條命確保馬祖」。下午至西莒。恰巧與由西莒剛調至東莒的黃國維連長同一艘船，經他「指點」，雖然初次至西莒，卻很快進入狀況。在鄉公所借了部機車，正午天氣熱得非常，趕時間所以頂著大太陽跑，馬祖的太陽防曬液全然無效。標語採集工作，無跡可循，一路「摸索」很辛苦。鄉公所前「金城湯池雄鎮閩海，枕戈待旦誓復中華」，防空洞「衛我山河憑陣固，殲彼匪寇賴民和」均讓人印象深刻。菜浦水庫旁的「同島一命，奮戰到底」及菜浦沃據點形勢險峻很有戰鬥氣息。

因為風向關係回南竿的船改在菜浦沃靠岸，經過田沃村時發現了黃國維所提路旁小廟，停下來一看「奸匪竊國鬼神難安，驚濤駭浪幸得自由」慶幸有原能與它照面一讀。由南竿至北竿，去年冬天曾遊北竿。麻煩電信局李中心至白沙港載我至塘岐向蕭如芳借摩托車。行經芹壁，湛藍安靜的海水，如夢幻。夜宿橋仔村曹忠義家屋頂，滿天星斗，對岸漁火點點。

七月三日

至「碧園」林木蓊鬱，但裡頭陣亡將士紀念碑有些慘烈，不忍讀。訪問上村雜貨店老板娘劉木金，她經營的雜貨店門口有著「軍事支援作戰」標語，屋後則有「博愛」等精神標語。對面營舍房門口還有「堅強固守誓與馬祖共存亡，英勇戰鬥決將犯匪盡殲」。訪大坵人陳金官。打電話給北竿指揮部政戰主任王總鎮上校，他熱情地說下午來橋仔帶我四處找尋標語。感謝。大熱天的正午，王主任帶我爬碧山觀測所，恰巧海域有對岸軍艦經過，觀測所官兵密切注意。王主任印象中指揮部碧山頂有我要的標語，帶著我四處搜尋，大熱天只見他揮汗如雨，終於讓我們找到了——「確保馬祖」、「彈不虛發，彈彈射正朱毛首，發發命中艦機」、「鎮定沈著」等。王主任又帶我去他二十年前待過的連上看「光華門」標語「養天地政氣，法古今完人」。再去中興公園見坑道碉堡取名「成功別墅」、「樂吾居」，還有「一顆心效忠領袖，一條命確保馬祖」。

七月四日

今天要去亮島！有些興奮，一早橋仔碼頭聚滿了要搭船回亮島的阿兵哥。亮島是什麼樣的地方呢？問船上的阿兵哥，阿兵哥說亮島浪大，冬天浪比船高整艘船快被浪吃掉，那滋味「生不如死」、「痛不欲生」。想放假，想退伍，在那麼遠的地方想的就是家人朋友。匆匆一小時，感謝島上楊偉宇輔導長帶路，使我很快看遍亮島「亮照大陸」的各種標語。亮島很不一樣，「反共前鋒」的它特別純粹，希望下次能如島上阿兵哥的建議住上一航次那才過癮。幸會！回程繞過高登，島上阿兵哥以為船要靠岸，飛奔至碼頭，結果我們匆匆一瞥揮揮手就因風浪潮汐因素而回航。

七月五日

幫田裕華送《馬祖當兵生活照》給他以前當兵時的工兵連隊，發現「常在戰場」、「打溶敵機」、「習文練武由此開始，畏苦怕難莫入此門」等標語。訪曹以雄議員，他帶我至牛角山巔，視野極佳。劉立群縣長請吃飯，巧遇台大城鄉所所長畢恆達。晚飯後至馬祖日報專訪劉立群縣長。

七月六日

至北竿訪王總鎮主任，發現迎賓館「忠誠、團結、風氣、效

率」註解詳細。

七月七日

獲頒連江縣榮譽縣民。回臺灣。與畢恆達所長及他的學生們搭同一班船，聊天時李元宏提及他做的研究調查《軍事化的空間控制》及宋奕佳的《後軍管時期馬祖聚落與住屋形式轉化之社會歷史分析》，請其寄贈一冊參考。

七月八日

將馬祖拍攝之黑白底片與幻燈片送「第五階」沖洗。

七月十日

整理挑選底片。

七月十一日

寫「忠誠、團結、風氣、效率」的意思。

七月二十四日

有很多「正事」待做，但又不時看看馬祖拍的照片，不時翻翻昨天買的書，不時海闊天空遨遊一番。心有不安。

七月二十七日

連著寫「東引」、「亮島」、「鐵板」、「橋仔」，都是好地方，豈是六、七百字，五、六張照片匆匆帶過！

八月三日

晨、午整理馬祖反標資料及照片。夜整理金門反標照片。

八月四日

下午改寫「八二三砲戰與標語」舊稿。夜寫成「枕戈待旦」一文。日記裡寫：夜好靜。可別讓外在事物，失去生活興味，最好活得喜孜孜的！

八月十二日

馬祖日報報導：「人去樓空，多處營舍乏人問津。民眾建議結合兵舍整建，更具觀光價值。」日記裡提醒自己：莫忘初衷，完成心願。想想當初是甚麼原因想做反共標語記錄的？

八月十四日

送底片至「第五階」沖印公司沖洗。

八月十五日

寫成「改頭換面的標語」。寫成「還在堅持『還我河山』的門聯」。

八月十六日

寫成「毋忘在莒新故鄉」。

八月十七日

馬祖日報報導：「碧園建造三十年，極具歷史價值。縣長指

示列入觀光點開發，保留原貌。」

八月十八日

修改補充「改頭換面的標語」。

八月二十一日

在爵士攝影藝廊有關「馬」的攝影展，看到：「『馬是三分龍』，比喻馬有三分『龍性』。在陝北，馬被稱為『黃土地的龍』，因其雄渾氣勢與力度，千姿百態、叱吒風雲、雄風萬里。」使我明白了在馬祖看到「龍馬精神」標語的意義。

八月二十二日

至楊雅棠的工作室，整理轉存於電腦《莿桐最後的望族》照片。

八月二十三日

中國時報浮世繪版刊出「金門，反共標語砲火餘生」一文。

八月二十六日

電腦製作金門、馬祖代表性標語位置圖

八月二十七日

訪馬祖東莒鄉黃國維連長談標語製作。

八月二十八日

校稿。日記裡：寫文章、拍照片，最快樂、吸引人的地方在於可與人分享美好，傳遞感動！

八月二十九日

天涼心靜！

八月三十日

開始至楊雅棠的工作室編輯去年的研究調查《莿桐最後的望族》。

八月三十一日

「編輯，可以無限細膩！」據說是夏瑞紅說的名言。

九月一日

晨十點至夜半十二點，編書，累極。

九月二日

今晨醒來發覺住處，綠意盎然，能不出門，分外美妙。

九月三日

將初步編成之《莿》樣稿，送交奚淞、夏瑞紅兩位編輯顧問，請指正。

九月四日

「以讀者的眼光，客觀地閱讀。」「編輯顧問」奚淞、夏瑞紅給

的建議。這項學習對我挑戰十足，今試著重新編寫。秋涼。

九月六日

編完《薊》我當為文紀念這段「編輯」過程及心得。晨十一點至卡法兒討論編輯事項。

九月七日

寫《薊》感謝裡的：《薊桐最後的望族》能以此面貌見人，得深深感謝我的「編輯師父」奚淞先生及夏瑞紅小姐。他們在研究調進行、撰寫教導及編輯過程中，給予我熱情鼓勵也不忘提醒「琢磨」我。感謝他們認真地看待，使我明白自己更要努力、用心……。在我心中，他們是最了不起的編輯。馬祖日報刊出「研究反共、愛國、精神標語的人—林保寶」，由馬報總編輯宋志富撰文。

九月八日

《薊》在求好求善之下，幾乎快來不及了！

九月九日

忙編《薊》，不知歲月。馬革裹屍。書終於編完了，很輕鬆。心得是：找對老師，為自己找老師，是很重要的。

九月十一日

參加廖嘉展明年創刊《新故鄉雜誌》第一次特約記者會。

九月十二日

看《薊》藍圖。

九月十七日

至出版社等剛出爐的《薊》，送至報社，浮世繪版的朋友比我還開心，所以我真開心！

九月十八日

《薊》在誠品敦南店舉行新書發表會記座談會。許多朋友參加。感謝！浮世繪版朋友們送的花籃很像阿公阿媽結婚的花籃。回家後發現美杏附上的小紙片：「保寶：這是近年來我所收到的贈書中，最愛不釋手的一本。謝謝！真的非常恭禧你，完成了這項 "偉大" 的事，再接再勵！」感謝！

九月十九日

東奔西跑了一陣子，什麼時候可以靜下來？「活動」這兩字不甚好，最想靜一靜。中國時報浮世繪版刊出「今夕何夕」一文。

九月二十日

接爸爸傳真：「讀《薊》二點感動，一點建議。一、台北幾個朋友，不惜指導鞭策鼓勵，將是你人生旅途最大的財富，你要珍惜。二、一年來靠自己的努力，文章視野大為提昇，將來之成就當可預見。一點建議：希望走向成功的路途上，待人處事更要學習修養，謙虛內斂。祝你 成功愉快 父林英治」

九月二十三日

至奚淞家，他的畫室有幅對聯「天地同流眼底群生皆赤子，千古一夢人間幾度續黃梁」敦煌張掖大佛寺門聯詩抄。我看反共標語有這樣的心情。

九月二十九日

至台北國賓戲院看《搶救雷恩大兵》，深感戰爭之殘酷，對「金馬地區反共標語」有更深刻的體會，獻給曾在前線「保國衛民」的「英勇戰士」。

十月二日

愈往內心深處，外面的活動就愈少。

十月三日

再看一次《搶救雷恩大兵》。接受。

十月五日

至農禪寺訪問聖嚴法師談標語的時代意義。送《薊》至台中大姑姑及三伯父家，結果姑姑及伯父包了大紅包鼓勵。

十月六日

送《薊》至四姑婆家。

十月八日

看小魚畫展，喜如此句子：匹如身後有何事，應向人間無所求。無求就是休息，有求就不得休息。開後一隨喜。偶遇在人間，相會笑點頭。光陰與時節，先感是詩人。憂勞緣智巧，自喜百無能。

十月九日

因事不開心，夏瑞紅勸告：「轉個身，讓事情就過去了！」

十月十日

在三鶯橋下巧遇「街頭讀書會」。欣喜有人如此做！讀者文摘裡的句子：要感人心，先以心感人！

十月十一日

整理十月五日錄音帶稿。

十月十二日

整理採訪聖嚴法師的話：「唯有奉獻與貢獻，心門才能打開。奉獻是為他人不為個人，把自己奉獻出去，而不是經常為「自我」，老是為個人打算。自我中心太重，路走不遠也走不大。奉獻的時候可以找到很多著力點，如果老是為自己為自我中心，走出去的著力點很少。以開朗的心到任何地

方，去幫人一些忙一定是受歡迎的，任何人都接受的；如果你跑出去都問：「你能給我什麼東西嗎？」人家都怕你。一個是「求者」，一個是「謀者」。奉獻的人，人家都歡迎你，謀者雖可得到他想要的東西，但是路就小了。

十月十三日
向後看去眼界寬！文藝基金會許敬來電詢問十二月二十九日再舉行一次《莿》的說明會意見。

十月十四日
第二次辜汪會談於上海舉行，距第一次會談五年半。

十月十五日
辜汪會談中，思考、整理《金門、馬祖地區反共標語》的大架構，好像特別有意思。約略分成【目錄】、【圖序】、【今夕何夕】、【時代的背景】、【金門標語之旅】、【馬祖標語新解】、【馬祖標語之旅】、【附錄】等幾個篇章。

十月十六日
瑞伯颱風來襲。風雨中看為紀念古寧頭二十年而編的《金門之音》，聯絡上當年的編者李中和先生，向他說明我正在做的研究調查，他說很有意義，並約見面。翻閱軍歌曲集時，發現不得了，原來「保衛大臺灣」、「軍紀歌」、「鐵一般的戰士」、「毋忘在莒歌」都是他作曲的。整理工作日誌。寫成「效忠領袖」。金馬標語書明暫訂《牆上烽火五十年》，電腦製作封面。補充〈馬祖標語新解〉該段落圖說。在姜捷借我的《中國民歌精華》文化圖書公司出版，發現「反共抗俄總動員」正是陳金官所說的「馬祖民防隊歌」，因此修改「還在堅持『還我河山』的門聯」。

十月十七日
補充「軍民一家，同島一命」。增補「青帆港高高在上的標語，是怎麼寫上去的？」

十月十八日
凌晨整理七月馬祖行的工作日誌，好像才剛去過，好像又重遊了一回。電視名言「凡走過必留下痕跡」大概如此。至林銓居三合院的畫室，他說了一則跟標語情境有關的文章。

十月十九日
晨至奚淞先生的畫室。請教寫作及《金門、馬祖反共標語》之編輯。「與君一夕談，勝讀十年書」。很棒的早晨。下午至李中和先生家，臺灣第一首愛國歌曲〈保衛大臺灣〉就是他作曲的，當兵時常唱的〈軍紀歌〉、〈鐵一般的戰士和將領〉也是他作曲的，當他告訴我〈總統蔣公紀念歌〉也是他作曲時，我腰桿打直坐著。最後他說年輕人做事要勤快，不要怕麻煩。

十月二十日
約王總鎮主任二十三日見面談馬祖的標語。整理昨天奚淞訪談錄音稿。與「相思之島」一文作者陳江聯絡，很開心。幸會。中廣深情寶島吳瑞文約星期日臺灣光復節談《莿》。

十月二十一日
至建國中學聽辛意雲老師課，課堂中提及有人看來有「清朗之氣」，是因其心思純粹，始終有自己的理想，並且不輕易委屈放棄這裡想，這種人不容易憔悴，所以看來清朗。在建中課室牆壁看到這樣的句子：相逢雖草草，長共天難老。終不羨人間，人間日似年。至中央日報資料室查詢資料。

十月二十二日
閱讀《漢聲雜誌》，留心其內容編排。日記裡寫：又開始落雨了，滴答水聲，汩汩水流，滿眼綠意，住處「聲色」極佳。又寫：看書，眼睛會累，看植物，眼睛似乎跟著「生生不息」。去年的研究調查《莿桐最後的望族》獲中國時報開卷版選為一周好書。

十月二十三日
「長養精神」是重要的！王總鎮的約臨時取消，下午忽然得空，依照奚淞建議第一次重新安排整體架構次序。整理工作日誌。

十月二十四日
再至奚淞的畫室「請益」。

十月二十五日
中廣新聞網【深情寶島】吳瑞文電話訪談《莿桐最後的望族》，兼及《金馬反共標語》。

十月二十六日
至台北影印《金門、馬祖反共、愛國、精神標語》初稿。

十月二十七日
整理標語照片。

十月二十八日
回竹山。爸爸、媽媽在鄉下過著簡單、樸實的生活，我呢？

十月三十日
一朝醒來的台北。回台北，夜蟲鳴，流水聲，靜極了。要至金門，有些「近鄉情怯」。

十月三十一日
陳江夜半來訪，談及以什麼紙張製作書最環保，他說：「做出來的書，一輩子不會把它丟了最環保。」又說「愛美的人最環保」。贈我良寬的書，裡頭一首詩：春夜夜將央，相對

共無語，餘香入此堂，閒庭百花發。

十一月一日

明天就要「回」金門了，電視上伯朗藍山咖啡金門背景的廣告，仍然讓我心生悸動。「金門，曾有無數個臺灣男孩，在此蛻變成男子漢。用最燦爛的青春，捍衛和平。」

十一月二日

今日中國時報頭版報導：「施密特預言下世紀中葉，兩岸將會統一。」中午至金門。訪民眾服務社文宣組組長章清海。訪福建省省政府。省府秘書楊炳珍及新聞聯絡人陳國興對標語的印象，可說是民國五十年後出生的金門人的共通印象。白天我必須放下「感性」的部份，一再追問人家關於標語的種種。夜裡回到金沙山莊，走到山西水庫，月夜，海風，望著海面草嶼的一盞孤燈，身邊漆黑的木麻黃林。彷若回到當兵時光。金門變了許多，我也是。七年前，那個夜晚，那個凝視海面的哨兵。

十一月三日

晨在沙美採訪及拍照。車站前「自立自強，奮戰到底」的標語，今年五月份時還拍照，今天已消失。在市場賣豬肉的許維男，他記得從前學堂裡要「立大志，滅共匪」，民國五十年時每天清晨六點學校集合呼口號及遊街。至後水頭採訪及拍照。三十五年次的黃姓婦人，講及他剛過逝丈夫的經歷很動人。下午至山西採訪及拍照。傍晚至大東山海邊。由於大退潮，所以離草嶼好近好近。晚上在李志春士官長家聊天吃飯喝高粱酒。

十一月四日

一早至縣政府採訪陳水在縣長談金門的標語。訪問金城的老人談標語那時代的人事物。經下埔頂意外發現標語。至北山老人休閒會館訪問七十多歲的老人們關於五十年前的古寧頭，當時他們可正是二十出頭的年輕漢。至古寧頭戰史館找資料。遇到金門一日遊的阿兵哥。至瓊林採訪及拍照，他們挖瓊林坑道的經過及人懷念侯志磬支隊長。

十一月五日

因為陽光的關係，清晨至青嶼拍照。拍攝牆上的標語，若要效果好，得逐陽光。至官澳，原本只是想問「兒童樂園」的年代，意外引動老婦人蕭合英的經歷。皮包裡的故事。在官澳蚵管哨待了一個清晨，意外得知阿兵哥送便當給老婦人的故事。還跟著去送便當。至吳坑、沙美、陽宅拍標語。陳篤儒的故事是動盪時代的代表。至山外拍標語及採訪。徐之祖的經歷又是另一代表。日記寫：發揮培養自己的才能，重於找份固定的工作。

十一月六日

金門清晨的鳥聲，讓我想像從前的砲彈聲。至瓊林、前水頭拍標語。至烈嶼。特別至湖井頭隊史館看對岸「一國兩制統一中國」標語，可惜海面的霧氣遮住。有意思的是附近的獅嶼，望遠鏡裡滿是標語，是給觀光客看的嗎？上林將軍廟在軍營裡，廟前攤販情景像臺灣。繞了圈小金，特別至勇士堡。都快離開小金時，意外發現小金幾處村落的防空洞寫著「不落俗套」的標語。巧遇一群八二三時在金門服役的老兵。他們說當時「活秒的」！下午至莒光樓。拜訪大同之家顏恩威副主任。

十一月七日

金門的清晨，無限寧適。鳥鳴，晨曦，新鮮的空氣，水的波光，陣陣海風，還有海邊的風光。既荒率又平和樸素。開步，呼吸空氣都會胖。多待兩天吧！在榮湖旁高粱田拍阿兵哥助民收割。發現後浦頭以前沒注意到的標語。至浦邊、下堡、頂堡、安岐、湖下拍標語。重遊古岡湖，清楚記得當兵時第一次到古岡湖的情景。往事如煙一些不假。至翟山坑道，不得了的地方，民國五十年時如何開鑿？精誠所至金石為開吧！

十一月八日

至西山前、東山前拍標語。至陽宅抄錄海天園林序及多令軍紀安全注意事項。至蔡厝拍標語。星期天的山外因為阿兵哥放假而生氣蓬勃，一路上計程車好不忙碌，飛快地奔馳。由陳來添老師家頂樓拍山外。至湖下、新頭、料羅、塔后、夏興拍標語。經成功時在高處榕樹下，聽海朝聲睡了一下。至尚義、榜林、金城的埔邊拍標語。又至古寧頭、慈堤。日暮時分到二七哨。荒蕪的哨所正漲潮。坐對草嶼，海風強勁，怎麼荒蕪了呢？看從前阿兵哥費盡心力辛苦營造的堅固堡壘，怎不堪時空的移轉？

十一月九日

晨至金東師屏東文康中心，與金東師副主任陳順益及民運官謝明峰談最近金門部隊的情況。在金門當兵真的不一樣了！又至官澳蚵管哨，哨兵邱義名神情落寞地說守了九個月的官澳蚵管哨即將於這兩天撤離。有幸在這樣「眺我河山，思我同胞」特別的據點撤守前，流連徘徊，為它留影紀念。下午四點的飛機由金門回台北。至馬祖前夕，收到約一萬元稿費，又可以當旅費，真好！

十一月十日

原預定今晚的船至馬祖，卻因風浪大無法成行。

十一月十一日

臺馬輪仍不開，飛機沒位子，到一趟馬祖真折騰。整理在金

門的工作日誌。打電話給劉縣長，他安排了明天清晨至東引的直昇機。馬上又要至東引，上回炎夏，這回深秋。

十一月十二日

花了四千八百元搭直昇機到東引。山壁間的野菊花開了。與劉縣長一行在東引會合，「跨越新世紀，再造新馬祖」，「快樂、活力、大建設。平安、福氣、好東引。」立委曹爾忠競選海報上的口號。至「戰鬥獅子村」訪兩位老榮民。訪「東引守備旅」張培新主任。訪「東湧日報社」。夜訪東海相館及東引天后宮。

十一月十三日

晨跟著交通部觀光局一行人遊東引。至燈塔時，我的腳步忍不住往燈塔下方的「天聲堡」走去，回首岩壁刻著「安全第一，信心第一。山受訓、守護神。李君明德紀念碑。東海訓練班，神風第三隊敬立。」又至「一線天」，岩壁上寫著「天縫聆濤」。在北海據點發現了書上看到的「忠義驃悍」。最後至西引的「三山據點」，由三山據點遠望大陸的「四霜島」，近一些的亮島。三山據點，地下坑道陡峻，有「我愛我的據點，據點是我的家」標語。今天因為「貪戀」東引壯闊美景，沒搭臺馬輪至南竿，又錯過「小白船」，直昇機也沒位子，所以「志願」被困東引，其實如果不趕時間，沒事在東引實在不錯。訪幹訓班、海龍蛙兵。傍晚跑去燈塔望天聲堡。

十一月十四日

訪天聲堡據點、小紫沃據點。這些二級戰區的第一線偏遠海防哨所，最扣人心弦。東引醫院的照壁寫著「視病猶親」。搭十一點的小白船離開東引。南竿建設似乎如火如荼。至摩天嶺、牛角嶺「探幽訪勝」，探的是廢棄營區與碉堡的標語，更感受從前「人聲鼎沸」的營舍，如今荒煙蔓草，撤守時沒帶走的小狗，仍忠心地守著據點。逛到最後看到「南竿機場動土典禮」的牌樓才恍然大悟牛角嶺許多重砲陣地的撤守。某營區崗哨刻著「我勇敢嗎？我機警嗎？」。某廢棄營舍牆壁寫著：「兩腳踢翻塵世浪，一肩擔盡古今愁」。還有「枕戈待旦確保馬祖，臥薪嘗膽反攻大陸」。好像發現「新樂園」，明天一定要再逛一次。

十一月十五日

鐵板的夜晚，聽著海潮聲入睡。原六一七營形勢險絕，石頭砌成的海邊廢哨刻著「反共抗俄」。想到不久的將來這一帶風光將因興建機場而整個消失，不禁流連不忍去。北竿已有機場，且曾因興建機場破壞了塘后沙灘，剷平了鐵拳山，如今又要為興建南竿機場剷平牛角嶺，破壞這一帶險絕的岩石景觀，值得嗎？雖然馬祖號稱這五年的建設，抵過過去五十

年的建設，可是換個角度來看，這五年的破壞也超過過去五十年。只是馬祖「大建設」的大勢銳不可擋，人人要求「新」馬祖，會不會有朝一日回頭，感到失落了許多。我只能趕緊拍下許多馬上就要消逝的景物。撿了兩顆小石頭當紀念，石頭與海的記憶。傍晚至津沙，九月新築的水泥堤防，毀了一半的「鐵血」廢哨。慶幸先前我曾拍下記錄。津沙沙灘漲潮時飽滿安靜，水天一色。

十一月十六日

晨至西莒。經過敬恆國小時，發現一年級的班上才四個小朋友，後來聽老師說六年級二個，三年級最多也才九個小朋友，真是不可思議。至田沃村天后宮看碑誌「……聖母不甘共匪禍國殃民，於辛丑年八月衝出鐵幕……」。還找到了民國七十二年時重建天后宮的陳金俊。至菜浦沃據點拍照，可惜好好的一處據點觀光化後，味道盡失。匆匆搭十一點的船至東莒。聽黃國維連長講西莒的事情，在西莒當過兩年輔導長的他講起來的菜沃浦據點及田沃村小廟便有生命。又帶我去看「發揚愛笑美力，保持永恆朝氣」的標語。感謝！至福正村，訪曹祥安村長，他整整當了四十年的村長，對村中事瞭若指掌，記憶又好。匆匆搭下午三點的船回南竿，在猛沃港大陸漁船就在前頭炸魚。由南竿轉船至北竿。一到塘岐向蕭如芳借機車，至芹壁聽海潮聲。晚餐蕭如芳的嫂嫂陳玉鳳代表請吃火鍋。感謝！

十一月十七日

夜半凌晨，塘岐下起雨了！被馬祖「鬼哭神號」的風聲吵醒！變天了！下雨天，李中心帶我在塘岐街上的國際攝影相館翻尋有標語的布幕。後來又開車載我至坂里村辦公室後中美合作的防空洞寫著「堅強固守確保馬祖，枕戈待旦跨海殲匪」。訪北高指揮部沈世平主任談標語，沈主任提及讓標語「靈活」一點，所以在北竿的提款機上可以看到「杜絕穢言、反躬自省、變化氣質、提昇形象」的標語。誰說標語一定要大呢？「一兵守哨，萬軍安全」聽說是亮島上的標語。與亮島連長徐聖良在迎賓館談亮島。下午又麻煩李中心載我拍標語，後浪坡的「班超堡」，風山的「風山連」，讓我感到不知還有多少昔日碉堡淹沒草叢中。夜請亮島弟兄在國際相館與布幕標語合照。在北竿等船至高登，可惜風浪太大，船不開！

十一月十八日

為何可至離島如高登、亮島？可能因為我對島上弟兄心懷善意、誠意與敬意。凌晨三點半，風聲大得讓人失眠，有「雷霆萬鈞」之勢。嘎嘎作響好淒厲。至懷道樓訪高登輔導長，「人頭階梯」的傳說可見昔日高登緊張情勢。至橋仔，訪一

戶大陸搬回來的橋仔人。訪塘岐國際相館老闆。夜請李中心當翻譯，再至橋仔訪大陸搬回來的那戶人家。風浪大，船仍然不開！

十一月十九日

馬祖這幾天天氣不佳，讓人「動彈不得」。馬祖的天氣影響交通讓人有「去不來」又「回不去」的恐懼。但是馬祖那種壞透了的淒屬天氣又讓人覺得過癮！一早七點半至德安航空劃位，決定搭直昇機回臺灣，下次天氣好時再專程到高登、亮島。在機上馬祖醫院的醫官說：「北投軍醫院的精神病患治療好了，一出醫院看到『軍令如山，軍紀似鐵』的標語，就又瘋了。」四千八百元的機票，聽到這則關於標語的情事，就值回票價。回新店放下行李，匆匆回竹山。

十一月二十日

馬祖的寒風，竹山的和暖。「想像世界的某個角落，有人過著與你完全不同的生活。」

十一月二十一日

回台北，拿送洗底片與照片。勾選底片。明年想以東引、高登及亮島的阿兵哥為研究調查主題。翻閱馬祖日報找資料。整理資料要「化簡為繁」又要能「化繁為簡」。接政大歷史研究所陳鴻圖電話，他的學妹想以《莿》為題，進行碩士論文，約時間見面。

十一月二十二日

整理在馬祖的工作日誌。

十一月二十三日

整理採訪資料，寫金門的標語。幾乎足不出戶。

十一月二十四日

整理採訪資料，寫金門的標語。幾乎足不出戶。

十一月二十五日

整理採訪資料，寫金門的標語。送洗照片。

十一月二十六日

整理採訪資料，寫金門的標語。「太武山毋忘在莒」寫不出來。

十一月二十七日

休息一天。陽明山洗溫泉。參加朋友李純慧的新書發表會。

十一月二十八日

開始寫馬祖標語。閉關。

十一月二十九日

閉關。如火如荼寫馬祖標語，整理馬祖採訪資料。

十一月三十日

閉關。如火如荼寫馬祖標語，整理馬祖採訪資料。

十二月一日

連續寫了好幾天的標語，累壞了。至中午腦子才「清醒」，中午反而像清晨。今天的天氣晴和，很美妙。在山裡的居所寫稿，生活平靜無擾。晨買報紙時也買了《讀者文摘》，雖然長期訂閱，可是常常忍不住先買了一睹為快。近日馬有有的大提琴聲陪伴，同屋旁的流水聲，安人心神。今天中時浮世繪版郝明義的文章中寫道：「……你一定可以碰上和你相同思路、相同電波的貴人。只要你思考得積極，電波散發得夠強烈，並且長期持續。如果我們有這樣的信心，不要因為外境的變化而反覆改變自己的思考方式，電波頻率與顏色，那麼貴人就會接上你的頻率，在應該出現的時候出現。最後，談貴人的時候，千萬不要只顧著眼睛往上看。貴人是可能從上方拉你一把的人，也可能是從下方推你一把的人。」深有同感。

十二月二日

至奚淞先生家。談及明年想進行的研究調查，他提出問題要我思考。「做這事，究竟為什麼？理性上究竟要表達的是什麼？可以多方面的揣摩。外島的軍事地位正快速變動中，夾在變動中間，到底要探尋什麼？再過三十年，這些軍事重地它變成什麼？現在你有種『興致』想做，但是興致後的『支撐點』不清楚。支撐點是『觀照』的基礎，得圍繞著主題。可能可以有兩個層面，一、處在變遷中的時代這些軍事據點，表面的變遷值得玩味。二、是『哲學』問題。恆常生命本質，在外島當兵的阿兵哥的處境跟感受。這也是個事實，有人在遙遠的前線服兵役，因為政治因素而影響人生活的變遷。」

十二月三日

至法鼓文化。聽說擎天崗上涼亭寫著「反共抗俄」。夙夜匪懈地增編標語照片。桌上、桌旁附近攤滿「數不盡」的標語照片。看到讀者文摘上一篇「他愛上了南北極」裡一段話：「金錢、名譽和優厚的生活條件在香港極端重要，在南極卻輕如鴻毛，換來的是無拘無束和心胸坦然。」我在馬祖有相同的感受，我愛上了馬祖。

十二月四日

下雨，很靜。在桌前整理標語照片，忙得不可開交。外頭，台北的選舉一定也不可開交。

十二月五日

住在山裡卻好久「沒空」到山裡。走一趟屋旁山徑，即使是冬季草木仍勃發，葉葉疏卷自然，各得其所，賞心悅目讓人

看了隨著怡然自得。電視台北市長選舉開票，轟轟烈烈，鞭炮聲不絕。我這兒流水淙淙。其實自己才是自己「可敬的對手」，因為努力與進步，如人飲水冷暖自知。寒流來襲的冬夜，能待在家中而不必外出，桌上還滿是溫暖的燈。只是閱讀與寫作，幸福！

十二月六日
修改馬祖標語文章。

十二月七日
重新編排標語研究調查《牆上烽火》。轉贈《平安》一千兩百冊給東指部。

十二月八日
接東引指揮部寄來的標語。感謝張主任協助。

十二月九日
瑞紅說：「交給『天』決定吧！」誠哉是言。

十二月十日
至中國時報。瑞紅又說：「成不成，隨緣吧！看天意。」美杏很好玩，還幫我「考前猜題」。我的事都好像她也同在其中。固執地想繼續寫：天聲堡、壯士居、勇士堡、澎湃堡等那些前哨中的前哨故事。讓我到天涯海角吧！在重慶南路買了張純如著《被遺忘的大屠殺—1937南京浩劫》深受震撼！熬夜看不忍睡。

十二月十一日
今晨跟「年輕」的羅蘭阿姨電話聊天，聊得很開心。「臺灣太『甜蜜』了！有許多事做，只要肯寫，不愁沒有地方發表。」雖下雨，不出門所以無妨。雨聲滴滴答答也不賴。掛下電話泡壺茶。發現魚缸內的石頭愈來愈像東引的石頭，因為長了青苔，向東引石頭上的草。下次進台北城，可能已經是下星期四，五天後。電話採訪，寫成「心在馬祖」。

十二月十二日
生病。熬夜寫工作日誌。今天還完成金馬標語總錄的整理。「天自從容定主張」。

十二月十三日
今天病得一塌糊塗。還沒病得一塌糊塗之前幾小時，日記裡寫道：「做讓自己『著迷』的事，而有『活脫脫』、『生鮮』的精神，才像活著！」又「想到『海角天涯』是因為竹山的家『安安穩穩』地隨時等我遊倦歸去！」、「近日愈來愈晚睡，一覺醒來總是天明！還不錯。」

十二月十四日
稍微恢復。編寫標語圖序。近日喜讀憨山大師勸世歌。柔和

忍辱是妙方。耐煩做事好商量。北竿指揮部沈主任來電，將一千兩百冊《平安》轉贈外島弟兄。太好了！希望大家平安退伍，在外島安心當兵。想作息正常，提早於十二點半上床，結果凌晨兩點半還睡不著。

十二月十五日
精神好多多。完成編寫標語圖序。早上才訂十九號飛往馬祖的機票，晚上就發現一時去不成。好忙！歲末年初，這就是我新的一年。我該慶幸能忙些好！早上買的報紙，午夜了還沒看。傍晚瑞紅在電話中提及「我都這樣過新年」有意思的題目，決定不管多忙，完成它！一邊整編標語報告，一邊聯絡羅蘭阿姨、純慧、沈進忠先生、郝明義先生等人。「新的一年怎麼過？」羅蘭阿姨回答：「那我可不管！」有意思。又接銓居電話邀吃飯及看畫展。深謝但只能婉拒了。對他很抱歉，報導稿尚未動手。又失眠了，乾脆起床打電腦寫工作日誌。看著狗狗嗯妹睡得不省人事，一副入定模樣，我該向它看齊！預計下星期忙完，飛到馬祖，有什麼比在天涯海角過新年棒呢？加油！

十二月十六日
再整編一次標語報告。開始整理《金門、馬祖地區反共、愛國、精神標語》結案報告。初擬明年研究調查一時代變遷下《東引、亮島、高登》的碉堡與戰士。最後忙得受不了了，幫狗狗嗯妹洗澡，解除壓力，挺有效，我已經忙了三個星期沒管牠了。今天也將「我都這樣過新年」的電話採訪，都安排好，甚至於明年一月十四號、十六號都已排上採訪。還得幫明年二月出刊的雜誌寫篇稿子。怎麼搞的，這麼忙？一切為了十二月二十四日能順利至馬祖，海角天涯，兩個星期後再回來。

十二月十七日
影印標語報告。

十二月十八日
整理標語結案報告。

感謝

【感謝】
國家文化藝術基金會獎助研究調查計畫

【感謝下列人士提供寶貴意見】
奚淞、夏瑞紅

【感謝下列人士惠予協助】
劉立群、陳水在、王總鎮、張培新、沈世平、曹以雄、陳寶銘、曹楷智、林日福、劉家國、李中心、蕭如芳、陳金鳳、曹忠義、黃國維、高清祥、陳文忠、曹祥安、塗如德、隋立爲、楊偉宇、張龍德、劉德全、彭勝忠、邱金寶、姜禮治、陳仁尉、沈柏菁、王天和、曹以樹、鄭智明、陳金華、陳善來、施耀宗

【感謝下列人士接受採訪及拍照】
聖嚴法師、羅蘭、劉立群、陳水在、黃瑩、李中和、李志春、唐敏達、宋志富、吳維能、張晚居、黃維蘭、張廷懷、楊木耳、陳育雨、曹百達、陳金官、陳新光、陳仕春、曹康官、李祖丙、林欲明、曹杏弟、劉木金、何俊德、徐聖良、陳俊男、章志豪、章清海、章水清、楊炳珍、陳國興、黃樹小、許維男、蔡秉達、黃漢源、李安禎、李律詩、李庭章、許丕謀、李金純、李水註、李增純、李增良、蔡秀才、蔡清鵝、蔡其樂、蕭含英、邱義名、張舜凱、鄭陳玉虎、陳延嵩、陳篤僖、徐之祖、陳志文、陳來添、姜林明憲、林文安、張世武、陳慶清、林大宇、林政治、巫連發、楊宗耀、古萬明、郟雲秀、顏恩威、謝明峰、楊家聲、黃春波、黃建勝、李周坤、潘勳毅、姚慶聰、陳漢瑜、陳郁文、李國源、陳維生、張志忠、陳順益、潘隆慶、金福友、東引幹訓班、天聲堡據點弟兄、小紫沃據點弟兄、陳崇福、王英城、陳水蓮、陳金俊

【感謝下列單位和人士提供資料】
福建省連江縣政府、福建省金門縣政府、東引守備旅、北高指揮部、南竿海龍蛙兵、亮島守軍、高登守軍、金東守備師、東引鄉公所、莒光鄉公所、馬祖日報、馬祖通訊、東湧日報、中央日報、國立編譯館、金門浯江圖書館、林政毅、姜捷、唐健風、陳忠義、林金炎、愛亞、李元宏、鄭大行、李金生、張國治、吳依水、林信昌

【特別感謝】
爸爸、媽媽不放心中的放心。中國時報浮世繪版、張老師月刊、青年日報副刊的支持及法鼓山文教基金會、法鼓文化的包容。

參考書目

〈馬祖列島記〉 林金炎著

〈馬祖列島記續篇〉 林金炎著

〈金門訓練集〉 金門防衛司令部，民國四十六年八月出版

〈臺灣：戰後五十年〉 中國時報編著，民國八十四年十月出版

〈中華民國八十七年國防報告書〉

國防部主編，民國八十七年三月出版經國先生行健錄、黎明文化，民國七十四年出版

〈跨越轉型期、開創新金門〉 金門縣政府，民國八十五年印行

〈黃金四十年〉 金門日報社編印，民國八十二年六月金門縣政府出版

〈地上花園地下堡壘〉 金防部政治作戰部，民國六十年三月編印

〈相依於海—狩獵離島紀行〉 姜捷著，青年日報出版社，民國八十三年元月出版

〈外島巡禮〉 新中國出版社，民國八十三年四月出版

〈從三十年暴政看共匪必亡〉 金防部政治作戰部，民國六十九年一月一日印行

〈陸軍部隊心理作戰訓練教材〉 陸軍總部印頒，民國七十九年五月十六日

〈國軍戰術性心戰傳單專輯二〉 國防部總政戰部心戰處編印，民國八十六年五月三十一日出版

〈我的家鄉是戰地〉 劉家國主編，民國七十七年出版

〈金門古今戰史〉 張火木柱，稻田出版，民國八十五年十月

〈兩岸關係與金門前途〉 張火木著，培英出版社民國八十四年十二月出版

〈軍事化的空間控制—戰地政務時期馬祖地區之個案〉

李元宏著，國立臺灣大學建築與城鄉研究所碩士論文，八十年七月口試稿

〈後軍管時期馬祖聚落與住屋形式轉化之社會歷史分析〉

宋奕佳著，國立臺灣大學建築與城鄉研究所碩士論文八十六年十二月口試稿

〈金門之音〉 李中和主編，金門文獻委員會民國五十八年十月印行

〈中華愛國歌曲全集〉 臺灣省教育廳印行，民國六十年七月出版

〈三軍年度歌曲集—五十九年度〉 國防部總政治作戰部編印

〈國軍軍歌選集〉 國防部總政治作戰部編印，民國八十年九月一日印行

〈國軍基本歌曲集—六十年度、六十二年度〉 國防部總政治作戰部編印

〈中國名歌精華〉 文化圖書公司印行，民國六十一年八月再版

〈國民學校國語課本暫用本第二至八冊〉

國立編譯館主編，民國四十四年八月出版，四十九年八月修訂

八十七年的馬祖日報、中國時報、聯合報。

台灣閱覽室

【紅樓尋星夢—西門町的故事】

　　西門町，一個歷經百年歲月的商業聚落，它的興起、鼎盛、衰退乃至重生，是台灣近百年歷史演變的縮影；他的人文風貌、休閒文化及生活形態又是台灣社會百年來轉變的一個重要指標。

葉龍彥　著
定價 300 元

【捷運綠寶石】

　　從台灣歷史最悠久的博物館——台灣總督府博物館說起，然後，範圍擴展到二二八和平公園、南海學園……；赫然發現，城市中這些我們所熟知的公園和古蹟，原來和我們的生活是如此地貼近。居住在同一座城市，呼吸著同樣的空氣。沿著捷運線，從圓山、劍潭、士林、芝山……，一路延伸到淡水，故事，就這樣蔓延開來……。

葉倫會　著
定價 250 元

【神靈活現—
驚艷八仙彩】

作者以台南市的繡莊進行訪察；從藝師傳統
建立其歷史傳承，確實頗為眼光獨到的。在高燦
榮教授指導之下，相當完整地記錄了一頁民俗技
藝史，為民間藝師留下一種技藝的傳承之跡。

王瀞苡　著
定價320元

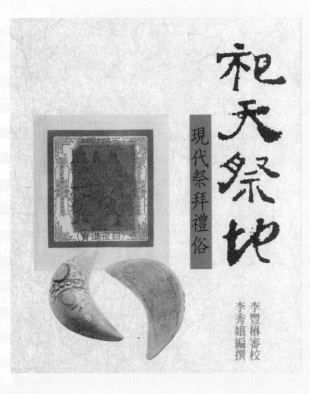

【祀天祭地—
現代祭拜禮俗】

了解祭祀的目的、意義和禮儀的人愈來愈少
了，敬拜神明、祭祀祖先或好兄弟時，除了拜得有
誠意之外，如何合儀合節、拜得正確也是很重要
的；本書簡要地說明了祭祀時的注意事項、祭祀用
品，並分別介紹各項歲時節令、生活禮俗和寺廟祭
拜時的相關禁忌或特殊習俗，是一本簡明易懂的祭
祀入門書。

李豐楙 指導　李秀娥 編撰
定價300元

盛竹如推薦／台視台灣眞女人編劇小組策畫／全新小說版

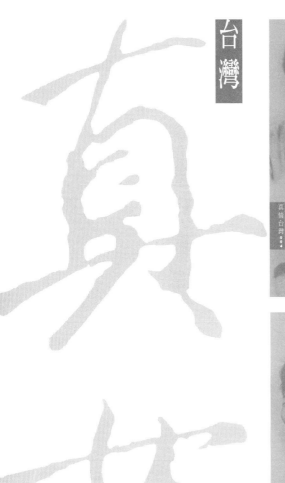

她們的故事是你我的記憶；她們的眼淚是你我的感動。爲台灣土地留著汗，寫下一篇篇認眞美麗的傳奇記錄，我們稱她們爲「台灣眞女人」

盛竹如眞情推薦
台視《台灣眞女人》編劇小組策劃
每本定價 200 元
郵撥三冊合購 500 元
郵撥帳戶：博揚文化事業有限公司
郵撥帳號：18871684

國家圖書館出版品預行編目資料

牆上烽火／林保寶作.-- 初版.-- 臺北縣蘆
洲市：博揚文化，2000〔民 89〕
    面： 公分
參考書目：面
ISBN 957-97552-6-4（平裝）

1. 福建省金門縣－描述與遊記 2. 福建省連
江縣－描述與遊記

673. 19/205.6   89002906

Focus 03

牆上烽火

作　　者：林保寶
發 行 人：楊蓮福
總 編 輯：于秉儀
企劃主編：陳　謙
責任編輯：張琪鴻
讀者服務：吳秀卉
版面構成：舞陽美術

出 版 者：博揚文化事業有限公司
地　　址：台北縣蘆洲市長安街 269 號 3F
電　　話：02-2848-7732（代表號）
傳　　眞：02-2281-2104
E -Mail:boyoung @tpts6.seed.net.tw

劃撥帳號：18871684
劃撥帳戶：博揚文化事業有限公司
登 記 證：行政院新聞局局版臺省業字 234 號

印　　刷：凱立國際印刷股份有限公司
總 經 銷：三友圖書有限公司
地　　址：台北縣中和市中山路二段 327 巷 11 弄 17 號 5F
電　　話：02-2240-5600

財團法人│國家文化藝術│基金會　贊助研究調查
National Cultuer and Arts Foundation

2000 年 (民 89)3 月初版一刷

售價　480

ISBN　957-97552-6-4　（平裝）

博揚文化

讀者回函卡

謝謝您購買「FOCUS」叢書，爲了不斷提升出版品質，達到更高的水準，請您撥冗填寫這份問卷，寄回給我們。我們將爲您提供最新資訊及最完善的服務。

書　　名：FOCUS 03　**牆上烽火**

姓　　名：_____　電話：_____

通訊地址：_____

出生日期：_____年_____月_____日　　性別：□男　□女

學　　歷：□高中職　□專科　□大學　□研究所

職　　業：□製造業　□銷售業　□金融業　□學生　□大眾傳播

　　　　　□自由業　□軍警　□公　□教　□農漁牧業　□資訊業

　　　　　□其它_____

購買方式：□書店_____市（縣）_____書店

　　　　　□劃撥　□其它_____

購買時間：_____年_____月

◎**您從何處知道本書：**

　　□逛書店　□報紙廣告　□電視　□親友介紹　□廣告信函　□廣播

　　□書刊雜誌　□本社不定期資訊　□其它_____

◎**您覺得本書的定價：**

　　□偏高　□合理　□便宜　□其它_____

◎**您購買本書的動機：**

　　□喜歡封面　□作者名氣　□促銷廣告　□主題

　　□內容　□其它_____

◎**您對本書的評價**（請填代號　1.非常滿意　2.滿意　3.尙可　4.待改進）

　　封面設計____書名____內容____文筆____印刷____版面編排____

　　整體評價____其它_____

◎**您經常閱讀的報紙：**

　　□中國時報　□聯合報　□自由時報　□民生報　□其它_____

◎**您經常收聽或收看有關書籍介紹的節目或雜誌：**

　　_____電台（電視台）_____節目或_____雜誌

247 台北縣蘆洲市長安街 269 號 3F

博揚文化事業有限公司　收

地址：　　　市　　　　鄉鎮　　　路
　　　　　　縣　　　　市區　　　街
　　　段　　巷　　弄　號　樓

BoyYoung

BoyYoung

BoyYoung

BoyYoung